한 권으로 합격하는
| 독학사 가정학 2단계 |

인간발달

저자 손희란

김앤북
KIM&BOOK

PREFACE

인간발달이란 전 생애 관점에 기초하여 연속적인 변화를 발달이라고 하며, 수정에서 죽음에 이르기까지 일어나는 체계적이고 연속적인 신체적, 심리적, 사회적 변화를 뜻한다. 인간발달의 기초가 되는 각 이론의 다양한 연구들과 구체적인 인간발달의 이해와 실제에 대한 학문적 특성과 평가 영역을 구체적으로 제시하였으므로, 본 교재를 통해 독학사 시험을 대비하게 되는 것은 학습자의 '행운'이라고 생각한다. 체계적인 기본 틀 공부를 통해 방향성을 세우고, 성실하게 학습에 전념하여 꿈을 이루기 바라며 앞날에 무궁한 행복이 연속되기를 기원한다.

이 책의 구성은 다음과 같다.

• 제 1 장 : 발달의 기초

발달의 개념에 대해 이해하고, 발달의 원리와 성격에 대해 살펴보았다. 발달의 단계설과 비 단계설에 대해 알아보고, 발달의 개인차, 발달의 연구방법 및 접근법을 이해할 수 있도록 구성하였다.

• 제 2 장 : 인간발달의 제 이론(2-1장, 2-2장, 2-3장, 2-4장, 2-5장, 2-6장)

프로이트의 성격 발달 이론(2-1장)과 에릭슨의 심리사회성발달이론(2-2장), 피아제의 인지발달 이론(2-3장)과 피아제의 도덕성 발달이론과 콜버그의 도덕성 발달이론(2-4장), 학습이론과 각인이론(2-5장)에 대해서도 살펴보았다. 융, 게젤, 몬테소리 등 인간 발달을 연구한 학자들의 제 이론(2-6장)을 포함하여 구성하였다.

• 제 3 장 : 태아기의 발달

생명체의 형성과정과 인간의 유전인자에 대해 이해하고 태아의 발달과 출산의 과정을 이해할 수 있도록 구성하였다.

• 제 4 장 : 영아기의 발달

영아의 대근육발달과 신체발달을 이해하고 언어 및 인지의 발달이론에 대해 살펴보았고 정서 및 사회성의 발달과 영아기의 발달장애 부분도 포함하여 구성하였다.

• 제 5 장 : 유아기의 발달

유아기 신체 및 운동의 발달 언어 및 인지의 발달에 대해 알아보았고, 정서 발달에 영향을 주는 성격과 사회적 행동을 이해하고 유아기의 부적응 행동과 사회화 과정에 대한 내용을 포함하여 살펴보았다.

• 제 6 장 : 아동기의 발달(6-1장, 6-2장)

아동기의 신체발달을 이해하고 인지발달의 개념과 기억의 정보구성을 살펴보았고 (6-1장) 성격 및 사회성의 발달을 통한 성 역할과 학교생활 적응의 친 사회적 행동을 살펴보았으며 아동기의 부적응 행동에 대한 이해를 돕도록 내용(6-2장)을 구성하였다.

PREFACE

• 제 7 장 : 사춘기의 발달

신체발달 특징과 심리적 변화와 행동의 변화 이론에 대해 살펴보고, 성격 및 사회성의 발달과 성교육에 대해서 살펴보고 청소년의 문제행동을 이해할 수 있도록 구성하였다.

• 제 8 장 : 청년기의 발달

지적 발달과 자아 정체감의 발달 이론에 대해 살펴보고, 정서 발달에 대해서도 이해할 수 있도록 구성하였고 사회성발달의 이해를 살펴보았다.

• 제 9 장 : 성인기

성인기 발달과업과 인격의 성숙과 사회적 성숙을 통한 취업과 적응 배우자의 선택과 결혼에 대해서도 적극적으로 살펴보았다. 가정형성과 가족기능의 수행에 관한 이론을 포함하여 구성하였다.

• 제 10 장 : 중년기

중년기 발달과업을 이해하고, 현대 자기 확대와 성취에 대한 관심을 이해할 수 있도록 구성하였다. 사회적공헌을 통해 성숙된 부모의 역할과 중년의 부부관계를 살펴보고 확장을 이해할 수 있도록 구성하였다.

• 제 11 장 : 장년기

장년기 발달과업과 갱년기의 변화와 적응에 대해 살펴보고, 최근 자기쇄신과 발전에 대한 관심이 높아진 장년기 사회생활의 확장과, 장년의 부부관계를 살펴보고 가정생활의 변화와 성숙 그리고 경제적 안정유지와 준비에 대해서도 이해할 수 있도록 구성하였다.

• 제 12 장 : 노년기

노년기의 발달과업 이론에 대해 살펴보고, 노화와 은퇴의 적응 이해할 수 있도록 구성하였으며 에 대한 인식과 적응과 노년기의 부부생활과 노년기의 가정생활 그리고 이상 상황과 치료를 위한 방안의 이해를 포함하여 구성하였다.

• 인간발달 모의고사 제 1~4 회

본 교재는 독학사 학위 취득 시험을 주관하는 '국가평생교육원의 평가영역'에 맞추어 출제 내용을 핵심적으로 기술하여, 본문의 기출문제와 모의고사를 통한 자세한 해석을 수록하고 있으므로, 독학사 수험생 여러분들의 학습에 길라잡이가 될 것으로 확신합니다. 이 책이 나오기까지 애써주신 OOOO 임직원 여러분께 감사를 드립니다.

CONTENTS

CHAPTER 03 　태아기의 발달

CHAPTER 04 　영아기의 발달

CONTENTS

CHAPTER 08 청년기의 발달

CHAPTER 09 성인기

CONTENTS

CHAPTER 12   노년기

CHAPTER 13   인간발달 실전모의고사 문제 및 해설

CHAPTER

01

발달의 기초

01 발달의 개념

1. 발달의 개념이란 무엇인가?

발달이란 성숙과 성장을 모두 포함하는 개념으로 바람직한 방향으로 일관성 있게 연속적으로 변화하는 것이다. 인간의 행동적, 신체적, 심리적 측면에서 시간의 흐름에 따라 서서히 변화하는 것을 뜻하며, 인간발달이 유전적 요인과 환경적 요인보다 '유전과 환경'이 어떻게 상호작용 하는가!'의 문제가 더욱 중요하다.

전 생애 발달이란, 일생을 통해 일어나는 변화와 안정의 과정으로서, 청소년기로 국한하지 않고 생명이 만들어지는 수정의 순간부터 죽음에 이르는 순간까지 전 생애에 걸쳐 끊임없이 변화한다.

성장이란, 신체적으로 키가 커지거나 몸무게가 늘어나는 등 양적으로 변화하는 현상이며, 성숙이란, 유전적으로 주어진 정보이며 신체적으로 키가 커지거나 몸무게가 늘어나는 등 양적으로 변화하는 것이다. 즉, 인간은 성숙에 의한 변화와 학습에 의한 변화가 복합적으로 작용한다. 적절한 단계를 거쳐서 운동기능, 감각기능, 내분비선의 변화에 의해 나타나는 신체 기능이 유능하게 되는 것이 성숙이다.

또한, 후천적 경험에 의한 변화의 형태는 학습에 의한 변화이다.

※ 인간 행동과 발달을 이해하는 두가지 관점
1) 환경속의 인간관점: 인간행동은 사회환경과 개인이내적, 외적으로 다양하게 상호작용한 결과
2) 전 생애 발달적 관점: 전생애에 걸친 인간의 신체적, 심리적, 사회적측면에서 전개되는 발달에 초점

※ 발달의 유사개념 정리
1) 발달(development)
   - 출생에서부터 사망에 이르기까지 전 생애에 걸쳐 연속적으로 일어나는 변화 양상과 과정
   - 시간에 따라 일어나는 신체구조, 사고, 행동 등의 변화
   - 유전과 환경의 상호작용으로 이루어지는 인간의 총체적 변화
2) 성장(growth)
   - 신체의 크기가 커지거나 근육의 힘이 더 세지는 것과 같은 양적 증가와 확대

- 성장은 신체적, 생리적 발달의 양적 증가에 국한됨
3) 성숙(maturation)
    - 유전적 기제의 작용에 의해, 체계적, 규칙적으로 진행되는 변화
    - 부모의 유전인자 정보에 따라 변화하므로 경험이나 훈련과는 관계없음
4) 학습(learning)
    - 직, 간접적 경험의 산물로 나타나는 변화
    - 특수한 경험, 훈련, 연습 등 외부자극이나 조건 등 환경에 의해 개인이 변하는 것
5) 사회화(socialization)
    - 개인이 자기가 속한 가족, 지역사회 구성원으로서 상호작용하며 동화되어 가는 과정
      (**예** 사회적기대, 관습, 가치, 신념, 역할태도 등)

1. 발달의 원리

인간은 끊임없이 변화한다. 행동특성에 따라 전체활동에서 특수활동의 방향으로 이루어진다. 인간의 발달 현상에는 보편적이고 일반적인 발달 원리가 존재한다(Ormrod, 2010).

(1) 일발적인 발달의 원리는 일정한 순서가 있고 예측 가능하다.

① 신체발달

신체기관과 운동기능을 포함한 몸과 뇌의 변화를 뜻한다.

② 두미발달

신체발달은 상체에서 하체의 방향으로 진행된다. 예 머리→손, 발쪽 방향으로

③ 근원발달

신체발달은 중심부에서 말초 방향으로 진행된다. 예 대근육→소근육 방향으로

④ 발달은 전체활동에서 특수활동의 방향으로 진행된다.

(2) 일반적인 발달의 원리

① 일정한 순서로 발달하며 다소 예측 가능하다

보편적인 순서가 있으며 성장 환경이 다르더라도 시간에 따른 변화가 비슷한 양상을 보인다. 예를 들면, 아이가 앉은 후에 기어 다니다 걷게 되는 것이다.

② 발달의 속도와 연속성(계속성)

인간의 발달은 특정 시기가 아닌, 일생동안 한순간도 멈추지 않고 끊임없이 진행되는 연속 과정이다.

③ 발달의 속도는 개인차가 있다

사람마다 발달 속도는 다르며, 정신이나 신체 건강에 따라 차이가 있다. 예를 들어, 소근육 발달이 빠른 영아(2세)는 혼자 숟가락을 사용하여 밥을 먹을 수 있다.

④ 발달에는 유전과 환경이 상호관련성의 영향

발달은 유전자의 영향을 받으며, 가정환경, 경험, 교육 등 양육환경에 영향을 미친다.

⑤ 발달은 분화와 통합이 있다

아동이 처음에는 미성숙한 모습을 보이다가도 분화와 통합이 이루어지면 비로소 발달은 완성된다.

⑥ 발달은 완만한 성장기와 급등기로 구분될 수 있다

초등학교 저학년 시기에는 천천히 신장이 자라지만 청소년기가 되면 급격히 성장한다.

(2) 발달의 성격

① 발달의 성격은 인간의 생각, 감정, 행동의 일생을 통한 변화와 안정을 탐구하고 교육프로그램을 개발하는 준거가 된다. 과학적인 방법을 적용하여 발달의 성격과 과정에 관한 가정(assumptions)을 검증한다.

② 발달의 선천적 특성들이 잠재적 변화의 한계를 규정하지만, 사회는 개인의 유전적 잠재력을 최대한으로 발휘될 수 있는 최적의 환경적 조건과 상황을 조성하도록 노력해야 한다(Salkind, 1985).

③ 인간의 발달 현상에는 보편적이고도 일반적인 원리가 있다. 첫째, 일정한 순서가 있다. 둘째, 계속적인 과정이지만 그 속도는 일정한 것이 아니며, 셋째, 발달에는 개인차가 있다. 넷째, 발달의 각 측면이 상호 밀접히 관련되어 있다. 다섯째, 발달은 분화와 통합의 과정을 거친다.

03 발달의 단계설과 비단계설

발달단계란 고유한 특징이 있어서 그 이전 단계나 이후 단계로부터 구분되며, 발달은 방향이 있고 새로운 단계는 그 이전의 단계까지 이루어진 발달을 통합한다. 밀러 (Miller, 1983)는 '심리적 성숙이론'에서 인간의 발달 상태를 연령에 의해 설명해 왔다.

1. 발달의 단계설

● 발달에는 일정한 순서가 있다는 비연속적 이론으로 한 단계의 발달이 이루어지면 다음 단계의 발달로 연결된다는 것이다.

● 발달과정에는 어떤 '결정적 시기'가 있어서, 그 다음 시기의 발달에 영향을 주게 된다. 결정적시기란 어떤 주어진 사건 혹은 그 사건의 결여가 발달에 지대한 영향을 주는 특정한 시기를 말한다.

2. 발달의 비 단계설

● 발달은 연속적인 것이다. 특정의 행동 변화는 특정한 단계에 갑자기 나타나는 것이 아니라 경험과 훈련에 의해 점진적으로 행동 변화가 형성된다. 즉, 학습이론이 비단계설에 속한다.

● 인간의 성장과 발달은 질적으로 차이를 보이는 단계는 없으며, 양적으로 증가되는 발달 곡선이 있을 뿐이다. 즉, 태내(prenatal)환경, 출산 시(natal)환경, 출산 후 (postnatal) 환경으로 구분한다. 태내기 환경 단계를 구분하여 세분화하기도 하며 노년기 더 세분화되기도 한다.

04 발달의 개인차

1. 발달에 영향을 주는 요인

① 유전인자의 영향

부모가 지닌 특질은 자녀에게 유전되기는 하지만 부모의 모든 특질이 모든 자녀에게 똑같이 유전되는 것은 아니다.

② 우성유전요인과 열성유전요인

신체적인 특질은 우성 유전 요인은 자녀에게 유전되는 경우가 많으며, 열성유전요인은 유전되지 않거나 유전이 될 경우 극소수의 자녀에게만 유전된다.

- 신체적 특질의 유전: 대머리, 쌍꺼풀은 우성 유전요인이며, 색맹과 피부색 등은 열성 유전요인으로 분류한다.
- 정신적 특질의 유전성: 쌍생아 연구에 의하면 지능은 유전성이 가장 분명하며, 음악, 미술 등 예능적 특성도 비교적 유전성이 높은 특질이다.

③ 환경요인의 영향

영양섭취와 기후, 연습, 직업 등의 환경적 영향을 받는 신체의 구조, 비만, 여아의 초경 등은 유전보다는 환경요인과 사회의 문화적 요인의 영향을 받는다.

- 인간의 지능도 환경에 의하여 큰 비율로 좌우되며, 문화실조나 지적발달의 지체 현상은 주된 요인이 환경의 차이라고 인정되고 있다.
- 성격의 유전: 대체로 태도나 성격들은 유전의 영향을 덜 받고 사회적 환경의 영향을 크게 받는다.

2. 발달의 개인차

한 개인의 발달을 평가할 때는 발달의 정상적인 과정뿐만 아니라 유전과 환경의 상호작용, 생각이나 성격과 같은 특성, 환경 영향, 발달의 결과로 나타나는 개인차(individual differences)를 반드시 고려해야 한다.

- 발달의 개인차는 지능, 성격, 생각, 기질, 신체적 특질, 호기심 등에서 다르며 정서

적 반응도 다르다.

● 발달의 개인차는 연령이 어린 시기일수록 더 크게 영향을 받으며, 보다 급속히 발달하는 시기일수록 다양한 영향을 크게 받는다.

※ 인간발달의 기제

1) 적기성: 아동 발달에서 특정한 발달영역이 우세하게 나타나는 결정적 시기가 있다. 결정적시기를 놓치면 특정 발달영역에 장애를 가져올수 있다.

2) 기초성: 어릴 때의 생애 초기 경험 여부가 인생을 결정하는 초석이 된다.(예:초기 영양결핍은 인생 후기의 영양결핍보다 발달장애에 더욱 큰 영향을 준다)

3) 누적성: 초기 발달의 장애나 수월성은 연령이나 증가함에 따라 누적되어 이후 발달에 영향을 미친다.

4) 불가역성: 이미 이루어진 발달적 손상은 노력으로 회복되기 어렵다. 나중에 잘한것이 이전의 잘못한 것을 보충하는 데에는 한계가 있다(예: 신장은 체중보다도 불가역성이 강하다)

---

05 발달의 연구방법 및 접근법

제1장 발달의 기초

1. 발달의 연구방법

발달의 연구방법은 다양한 연구와 내용을 통해서 얻어진 결과이며 그 현상의 특수성을 반영하는 방식으로 변천해 왔다. 신뢰도 타당도를 통해 발달의 연구 방법을 이해한다.

(1) 관찰법

관찰법에는 자연관찰법과 구조적 관찰법이 있으며, 대상의 행동을 면밀하게 관찰하여 기록하는 방법이다

① 자연관찰법

자연적 상황이나 일상적 상황에서 대상의 자발적인 행동을 관찰하는 것이다. 일어나는 모든 행동을 기록할 수는 없으므로 한 가지 행동, 즉, 공격성, 협동심 같은 행동에 초점을 맞추어 관찰한다.

② 구조적 관찰법

관찰하고자 하는 행동이 일어날 수 있는 상황을 만들어서 그 상황이 인위적인 상황이라는 것을 알지 못하는 상황에서 행동을 관찰하는 것이다.

(2) 자기보고법

자기보고법은 특정 주제에 관하여 질문하고 이에 대한 사람들의 대답을 얻는 방법이다. 질문지법, 면접법, 검사법, 실험법이 있다.

① 질문지법

질문이 쓰인 형태로 주제와 관련하여 대상이 이해하기 쉽고 명확한 질문과 답안지를 구성한다. 한 문항에 한 가지 질문, 답안지 상호 간 중복되거나 포함되지 않도록 구성, 측정하고자 하는 주제에 대하여 질문을 만들어야 한다. 특정 정답을 유도해서는 안 되며 질문을 명료하게 만들어 응답에 혼란을 주지 않는다.

② 면접법(면담법)

대상자를 직접 만나서 대면하여 구두로 조사를 실시하는 방법이다. 면접법(면담법)은 면담 진행 절차에 따라 표준화된 면담법과 비표준화된 면담법으로 나눌 수 있다.

제1장. 발달의 기초 **21**

표준화된 면담법은 사전에 치밀한 계획을 세워 면담을 진행시키는 방법으로 신뢰도가 높다.

③ 검사법

지능검사, 성격검사, 적성검사 등 표준화된 각종 검사를 이용하여 개인이나 집단의 어떤 특성을 측정하여 기준과 비교함으로써, 개인이나 집단의 특성을 알아내는 방법이다.

④ 실험법

인위적으로 통제된 환경에서 변인들 사이의 인과관계를 살펴보는 방법으로, 가장 엄격히 변인이 통제되는 연구방법이다.

2. 발달 연구의 접근법

발달연구의 접근법은 횡단적 접근법과 종단적 접근법, 횡단적·단기종단적 접근법이 있다.

① 횡단적 접근법

서로 다른 연령집단의 대상자들을 같은 시기에 측정해 비교적 일시에 원하는 자료를 측정하는 접근 방법이다. 예를 들면, 5세, 9세, 11세의 연령의 다른 대상에 대한 체중변화를 연구하는데, 같은 시점에서 아동들을 표집하여 각 연령의 대상을 한 번에 측정하는 것이다. 같은 대상을 반복 측정하지 않아 발달의 연속성이나 지속성은 알 수 없다.

② 종단적 접근법

동일한 개인이나, 집단을 연구 대상으로 정하여, 시간 경과에 따라 비교적 장기간에 나타나는 행동특성의 변화, 발달현상을 조사하는 접근 방법이다. 예를 들면, 유아기에 있었던 공격성이 청소년기나 성인기까지 지속되는가? 2002년에 태어난 5년 후 5세, 9세, 11세 등 시간 경과에 따른 발달변화의 자료를 수집할 수 있으며, 한 행동의 연속성이나 불연속성을 볼 수 있는 연구 방법이다.

③ 횡단적·단기 종단적 접근법

시간, 효과 및 사회적 영향을 배제시켜 연령변인의 효과만을 밝혀내는 연구목적에 사용되는 방법이다.

01 발달의 기초: 예상 문제

01 발달이란 인간의 행동이 상향적 또는 지향적으로 변화하는 것이다. 다음 중 '상향적, 지향적의 의미'와 맞지 않는 것은?

① 기능적으로 세련되는 것
② 기능적으로 유능해지는 것
③ 이전보다 양적으로 감소하는 것
④ 변화의 방향이 바람직한 것

 ③

해설 인간행동이 상향적, 지향적이 될 때 바람직한 방향으로 변화되는 것을 말한다. 이전보다 양적으로 증가하는 것이다.

02 다음 [보기]의 ( ) 속에 가장 알맞은 단어가 바르게 열거된 것은?

인간에 대한 한 발달이라 함은, 인간의 행동이 (㉠), (㉡)으로 변화될 때 이를 발달이라고 할 수 있다.

① ㉠ 균등화, ㉡ 단편화
② ㉠ 무향적, ㉡ 개념적
③ ㉠ 하향적, ㉡ 기능적
④ ㉠ 상향적, ㉡ 지향적

정답 ④

해설 상향적, 지향적 발달의 의미는, 변화의 방향이 바람직한 방향으로 변화되는 것으로, 양적으로 증대되고, 기능적으로 유능해지고 세련화 되는 것이다.

03 다음 중 유아기에 형성된 기본적 신뢰감 대 불신감이 이후 가족 관계, 이웃 관계, 직장 상사와 동료와의 관계에까지 영향이 확산된다는 것은 발달의 어떤 성격과 깊은 관련이 있는가?

① 발달의 불가역성
② 발달의 전문성
③ 발달의 누적성
④ 발달의 기초성

정답 ③

해설 성장 발달 단계에서 결손은 다음 시기의 심각한 영향을 받게 되며 발달에 장애를 가져오게 된다. 유아기의 기본적 신뢰감 형성은 모든 인간관계에 영향을 미치게 되는데, 이는 '발달의 누적성' 때문이다.

04 다음 중 발달의 '결정적 시기'와 관계가 깊은 발달의 기본 성격은?

① 발달의 가역성
② 발달의 적기성
③ 발달의 누적성
④ 발달의 기초성

정답 ②

해설 발달의 적기성은 '결정적 시기'와 관계가 깊다.
결정적 시기란 어떤 심리적 특성이나 행동의 획득이 가장 용이하게 이루어지는 특정한 시기를 말한다. 발달의 적기성이란, 특정한 발달영역은 그것이 우세하게 나타나는 결정적 시기가 있으며, 결정적 시기를 놓치면 특정 발달영역에 장애를 가져올 수 있다는 것이다.

05 다음 중 발달의 최적기를 놓치게 되면 거의 회복 불가능한 성격이 형성되어 버린다는 것은 발달의 어떤 성격과 관련되는가?

① 발달의 적기성
② 발달의 불가역성
③ 발달의 누적성
④ 발달의 기초성

정답 ②

해설 발달의 불가역성이란 발달의 최적기를 놓치는 경우, 후에 이를 보완하거나 교정하기 힘들어 회복 불가능한 성격이 된다. 나중에 잘한것이 이전의 잘못한 것을 보충하는 데에는 한계가 있다. 예를 들면, 신장은 체중보다도 불가역성이 더 강하다.

06 다음 중 '비 단계설'에 대한 설명으로 옳은 것은?

① 인간의 성장 발달에는 질적인 차이를 보인다.
② 인간의 성장 발달에는 일정한 순서가 있다.
③ 학습 이론의 학자들에게서 찾아볼 수 있다.
④ 특정의 행동 변화는 어느 특정 단계에 이르러서 갑자기 나타난다.

정답 ③

해설 ①②④번은 '단계설'에 대한 설명이다. '단계설'이란, 발달은 일정한 순서가 있으며 비 연속적이라는 것이다. 한 단계의 발달이 이루어진 후 다음 단계의 발달로 연결되며, 특정 행동의 변화는 특정 단계의 '결정적 시기'가 있 다는 이론이다.
'비단계설'이란, 발달은 연속적인 것이며, 특정 행동의 변화는 특정한 단계에 갑자기 나타나는 것이 아니라 '경험 과 훈련'에 의해 점진적으로 행동변화가 형성된다는 '학습이론'이 대표적이다.

07 발달을 연구할 때 다른 연령 집단의 대상들을 같은 시기에 측정함으로써 발달 변화를 측정하는 접근 방법은 무엇인가?

정답 횡단적 접근법(횡단적 접근방법)

해설 횡단적 접근법은 서로 다른 연령 집단의 대상들을 같은 시기에 측정함으로 자료를 얻을 수 있다. 그러나 종 단적 접근법에 비해 신뢰성, 정확도가 낮은 흠이 있다.

08 표준화된 각종 검사를 이용하여 개인이나 집단 특성을 알아내는 것으로 인간의 어떤 행동 특성을 측정하기가 비교적 쉽고 양적으로 많은 자료를 수집할 수 있는 연구 방법은?

정답 검사법

해설 검사법은 지능검사, 성격검사, 적성검사 등 표준화된 각종 검사를 이용하여 개인이나 집단의 특성을 알아내 는 방법이다.

09 적절한 단계를 거쳐서 기대치에 이르게 되는 것으로, 운동기능과 감각기능이 내분비선의 변화에 의해 신체기능이 유능하게 되는 것은?

정답 성숙

해설 적절한 단계를 거쳐서 일정한 기대치에 이르게 되는 것으로 운동기능과 감각기능이 내분비선의 변화에 의 해 나타나는 신체 기능이 유능하게 되는 것을 성숙이라고 한다.

02

인간발달의 제 이론

프로이드의 성격발달이론

1. 프로이트의 심리성적 발달이론의 개념

프로이트(S. Freud)는 정신분석이론의 창시자이다. 정신과 의사였던 프로이트 (1856-1939)의 정신분석이론은 감정, 충동, 환상 등 내적 세계를 연구한 심리성적 (Psychosexual) 발달이론이나, 우리의 의식세계는 우리가 전혀 알지 못하는 무의식 (unconscious)과 노력을 하면 알 수도 있는 전의식(preconscious), 주의를 집중하면 알아차릴 수 있는 의식(conscious)수준이 있다고 보았다.

프로이트는 히스테리아(hysteria)에 관한 연구에서 브로이어(Josef Breuer)의 최면을 이용한 치료 방법을 따랐으며, 최면요법이 일부 환자에게만 가능하고 일시적이라는 것을 알고 자유 연상이라는 새로운 치료법을 발전시켰다. 프로이트는 모든 인간은 자신이 인정할 수 없는 생각이나 욕망을 가지고 있고, 이것이 억압됨으로써 내적 갈등을 겪고 있다고 보았다.

2. 인간의 정신세계

① 의식

개인이 자기의 주의를 기울이는 바로 그 순간에 알아차릴 수 있는 정신생활의 일부분이다.(빙산에 비유하면, 물 위에 떠있는 작은 부분이 의식)

② 전의식

주의를 집중하고 노력하면 의식이 될 수 있는 정신생활의 일부분으로서, 주로 "자아(Ego)"의 영역에 속한다고 보았다.(빙산에 비유 하면 파도에 의해 물 표면에서 나타나기도 하고 잠기기도 하는 부분)

③ 무의식

무의식은 전적으로 의식 밖에 존재한다. 개인에겐 자신이 전혀 자각하지 못하는 정신생활로서, 무의식의 힘이 행동과 성격을 결정한다.(빙산에 비유하면, 물속에 잠겨 있는 훨씬 더 큰 부분)

- 무의식은 원초아(Id)과 초자아(Superego)로 구성되어 있으며, 행동과 사고를

구성한다. 그리고 무의식은 방어 기제와 전환적 신경 증상을 일으키는 데 중요한 역할을 한다. 따라서 무의식은 인간이 사고와 행동을 통제하는 보이지 않는 힘으로 의식 세계와 무의식 세계에 걸쳐 존재한다.

3. 성격의 구조

프로이트이론은 성격(인성)은 원초아, 자아, 그리고 초자아의 세 개 측면으로 구성되어 있다. 원초아, 자아, 초자아가 5단계의 발달 과정을 통해 통합이 이루어진다고 한다. 원초아, 자아, 초자아 연령은 3세에서 6세 사이에 나타난다.

① 원초아(Id)

원초아는 인성의 가장 큰 부분으로서 선천적으로 가지고 태어나며, 본능이나 욕구를 즉각 충족시키려 하는 쾌락의 원리에 따라 움직인다. 원초아는 성격의 가장 원초적인 부분으로 성적이고 파괴적인 본능으로 구성되었다. 원초아는 이러한 본능에 대한 즉각적인 만족을 추구하며, 본능적인 욕구란 주로 성욕과 공격욕을 의미한다. 원초아는 리비도(libido) 즉, 성적에너지이다. 성적본능, 성적충동이라는 에너지를 방출하며 쾌락의 원리에 의해 작용된다. 비현실적 환상에서 욕구를 충족시키려는 시도를 프로이트는 1차적 과정이라고 한다.

② 자아(Ego)

자아는 적절한 시간, 장소와 대상을 통해서 욕구가 충족 되도록 조절하는 '현실원리'에 따르게 된다. 인성의 의식적이고 이성적인 부분으로 영아기 초기부터 나타나기 시작한다. 자아는 현실 원리에 따라 욕구, 긴장, 충동을 현실적으로 충족될 수 없다는 것을 알고 적절한 환경 조건이 될 때까지 기다려야 한다는 것을 배운다. 원초아와 초자아의 요구 사이를 절충하는 중재자를 '자아'라고 할 수 있으며 현실적 상황 여건을 고려하기 때문에 2차적 과정이라고 한다.

③ 초자아(Superego)

초자아는 아동기에 양육을 담당하는 부모와 아동과의 상호작용에서 부모의 보상과 처벌을 통해서 발달하게 되는데 양심과 이상적 자아를 포함한다. 원초아의 욕구와 충동이 현실과 조화를 이루면서 충족하도록 하는 역할을 한다. 초자아는 부모와 다른 사람들이 아동에게 가르쳐준 사회의 가치와 도덕의 내면화된 표상이다. 개인의 양심으로 행동의 옳고 그름을 판단하며, 초자아는 완전을 추구한다. 부모나 주변사람들로부터 개인에게 투사되는 도덕적, 사회적 가치가 개인에게 내면화된 표상인 것이다.

* 양심: 잘못된 행동에 대한 처벌이나 비난 경험에서 생기는 죄책감이다.

* 이상적 자아: 잘한 행동에 대해 긍정적 보상을 받은 경험으로 형성, 보상받는 행동을 하려고 자아 이상을 추구하게 된다.

4. 성격의 발달 단계

프로이트의 성인 행동의 근원은 아동 초기의 발달 경험이라고 보았다. 어렸을 때 아동의 주위 사회적 환경과의 상호작용 특성이 학습, 사회적 적응 및 불안에 대한 대처 방법에 결정적 영향을 미친다.

연령이 변화함에 따라 '성의 본능인 리비도'가 집중된다. 발달의 각 단계에서 신체 부위가 달라지며 적절한 만족을 얻어야만 다음 단계에서의 발달이 순조롭게 이루어진다. 어떤 단계에서 충분한 만족을 얻지 못하거나 반대로 너무 지나치게 과잉 충족이 되면 그 단계에 고착(Fixation)된다. 고착은 해결되지 못한 갈등으로 인한 특정 발달 단계를 반영하는 행동이다. 이에 따라 발달 단계를 5단계, 즉, 구강기, 항문기, 남근기, 잠복기, 성기기(생식기)로 나눈다.

① 구강기(생후 1세경)

구강이 성감대가 되는데, 아기는 구강을 통해 유두를 빨아먹으면서 성적인 욕구를 충족시킨다. 구강의 과소 충족으로 욕구 불만 현상이 나타나거나 과잉 충족으로 몰두. 집착 현상이 나타나서, 다음 단계로 이행되는 것을 방해한다.

② 항문기(1~3세경)

배설물의 보유와 배설에서 쾌감을 얻는 영아기 시기이다. 대체로 대소변 가리기 훈련이 시작되며 배변 훈련 방식에 있어서 부모가 너무 조급하거나 억압적인 태도를 취하는 훈련을 받고 자란 사람은 성인이 되어서도 항문기에 고착된 현상을 일으키게 된다. 지나치게 깨끗한 것을 추구하는 결벽증적 성격으로 더러운 것과 정반대적 증세가 나타나는 것을 반작용 형성 또는 반동 형성이라고 한다.

③ 남근기(3~5세경)

남근기는 인간의 리비도가 항문에서 성기로 옮겨가는 유아기 시기이다. 이 시기의 남아는 오이디푸스 콤플렉스, 즉, 거세불안(Castration Anxiety)을 경험하게 되고, 여아는 엘렉트라 콤플렉스, 즉, 남근선망을 하게 된다. 애착을 강화시켜 남아는 아버지를, 여아는 어머니를 동일시하게 되는데, 동일시 과정을 거쳐 초자아가 형성된다.

④ 잠재기(5~12세경)

아동의 성적 욕구는 철저히 억압되어 외형상 평온한 시기이다. 공격적 행동, 리비도의 힘은 잠복 상태에 있어 잠복기라 한다. 지적 탐색이 활발해지고 친구와 사회적 유대를 확립하는 시기이다.

⑤ 성기기(생식기)

12세 이후로 청소년 시기이다. 이성이란 타인으로부터 성적 만족을 얻으려고 하는 이성 애착 경향을 보인다. 프로이트는 청년기 이후에 개인이 성취해야 할 발달 과업은 부모로부터의 독립하여 이성에 대한 호기심을 갖고 성숙한 성관계를 확립하게 된다.

5. 프로이트 이론에 대한 비판

① 프로이트는 인간의 욕망을 성적 욕구로 보아 지나치게 강조했으며, 인간을 성욕과 과거의 경험에 지배되는 수동적·소극적인 존재로 보았다.

② 남아는 오이디푸스 콤플렉스, 여아는 엘렉트라 콤플렉스로 보았으며 여성의 열등감 등 비교문화 연구 결과에서는 보편성을 증명하지 못했다.

③ 양심 발달에 주변 사람들의 격려 및 인종과 차별이 영향을 미친다는 사실을 간과했다.

④ 프로이트의 발달이론 자료가 신경증 환자들의 치료과정 연구이므로, 정상 성인·아동의 발달 연구가 없어, 과학적 검증으로 설명하지 못한다.

2-1 프로이드의 성격발달이론: 예상 문제

01 다음 중 프로이트가 최면요법이 일부 환자에게만 적용이 가능하고, 일시적임을 알고 새롭게 발전시킨 치료법은 어떤 것인가?

① 체면 요법의 실제

② 수면요법

③ 지기 분석

④ 자유 연상

 ④

 프로이트는 최면요법이 단지 환자들의 일부에게만 적용이 가능하고 그들에게 그 치료 효과는 일시적이라는 것을 알았다. 하여, 자유연상이라는 새로운 치료법을 발전시켰다.

02 다음 중 프로이트가 무의식을 추적하고 탐구하기 위해 사용한 연구방법이며 '정신세계를 체계화'하는 데 사용한 방법은?

① 검사법

② 면담법

③ 자유연상

④ 관찰법

 ③

 프로이트는 인간의 정신을 물 위에 떠있는 빙산에 비유하며, 인간의 무의식은 물속에 잠겨 있는 큰 빙산의 일각에 해당하여, 무의식을 탐구하기 위해 장시간에 걸쳐 '자유 연상'의 방법을 체계화 하였다.

03 다음 중 인간의 정신세계를 의식, 무의식, 전의식으로 나누어 설명한 학자는 누구인가?

① 아들러
② 에릭슨
③ 피아제
④ 프로이트

정답 ④

해설 프로이트(Freud)는 인간의 정신세계를 의식, 무의식, 전의식으로 나누었다.

04 다음 중 프로이드는 본능(Id)과 초자아(Superego)가 위치하는 정신세계를 무엇이라 보았는가?

① 의식   ② 무의식
③ 전의식   ④ 자아의식

정답 ②

해설 프로이트는 인간의 정신세계를 의식, 무의식, 전의식으로 나누며, 성격의 구조를 원초아(본능), 자아, 초자아로 나누어 설명하고 있다. 자신이 전혀 자각하지 못하는 정신생활의 일부분이 무의식이며 본능과 초자아로 구성되어 우리의 행동과 사고를 좌우한다.

05 다음 중 프로이트의 무의식에 관한 설명으로 거리가 가장 먼 것은?

① 방어기제와 전환적 신경증상을 일으키는 데 중요한 역할을 한다.
② 본능과 초자아로 구성되어 있다.
③ 전적으로 의식 밖에 존재한다.
④ 주의를 집중하고 노력하면 누구나 의식이 될 수 있다.

정답 ④

해설 전의식이란 주의를 집중하고 노력하면 의식이 될 수 있는 정신생활의 일부분으로서 그 위치는 주로 자아의 영역에 속하는 것이다.

06 프로이트(Freud)의 발달이론에서 각 단계에서 추구하는 만족을 충분히 얻지 못해 욕구 불만으로 다음 단계 발달로 진전하지 못하고 그 단계에 멈추는 것을 무엇이라 하는가?

정답 고착

해설 욕구의 불만이 있을 때 고착이 된다. 한 단계에서 다음 단계로의 진행이 저해되면 특정 단계에 고착될 수 있다. 고착 현상은 다음 단계로 이행되는 것을 방해한다.

07 프로이트의 심리성적발달단계 중 '대소변 가리기 훈련이 시작되고 이 과업을 완성'시키는 시기는 무엇인가?

정답 항문기

해설 항문기 시기에는 대체로 대소변 가리기 훈련이 시작되어, 리비도가 항문에 집중되는 시기로 1~3세경이다. 처음 자기의 본능적인 충동인 배변에 대해 외부로부터의 통제를 받게 된다.

08 프로이트 이론에서 '남근 선망(Penis Envy)과 오이디푸스 콤플렉스와 엘렉트라 콤플렉스'가 나타나는 시기는?

정답 남근기

해설 남근 선망(Penis Envy)이 나타나며 오이디푸스 콤플렉스와 엘렉트라 콤플렉스가 나타나는 시기는 남근기이다.

1. 이론의 기초

에릭슨(E. Erikson)의 발달이론은 정신분석적 관점의 대안적 견해를 제시하며 심리사회적인 측면에서 인간발달이 이루어진다고 보고 있다. 사회적 관계를 중요시 여겨 '심리사회적 발달이론'이라고 한다.

① 에릭슨(1975)은 내적 본능 및 욕구나 외적 문화적, 사회적 요구간의 상호작용으로 심리사회적 발달이 전생애를 통해 계속된다고 주장한다. 서로간의 이해와 상호작용을 포함하며 생의 각 단계에서 성공적으로 적응하고 발달의 정상적인 경로 안에서 '기본적 신뢰감은 건강한 성격의 기초'라고 보았다.

② 에릭슨은 프로이트의 영향을 받았지만, 프로이트의 각 단계에서 아동이 겪는 내적 갈등보다는 사회적 갈등, 상호작용에서 발생하는 갈등에 관심의 초점을 맞추었다.

2. 발달의 단계

에릭슨(1963)의 심리사회적 발달의 8단계와 각 단계에서 성취해야 할 발달과업과 극복해야 할 위기는 다음과 같다.

① 신뢰감 대 불신감(0~1세)

1단계 시기로, 양육자의 일관되고 적절한 돌봄과 기본적인 신뢰감을 형성하는 시기로 거부적이고 부적절한 돌봄은 불신을 야기한다. 인생의 초기 단계에서 처음으로 맺는 사회적 관계는 그의 후기 인생의 기초가 된다. 이 시기는 프로이트 이론의 '구강기'에 해당한다.

② 자율성 대 수치감(2세)

2단계 시기로, 자기 능력으로 기능을 발휘하도록 허용하고 격려할 때 자율성이 발달한다. 과잉보호나 도움의 결핍은 환경을 통제하는 능력에 의심을 갖게 되거나 수치심이 형성된다. 이 시기 유아는 여러 상반되는 충동에서 스스로 선택하려 하고, 이런 과정에서 자신의 의지를 나타내고자 하는 자율성을 키우게 된다. 이 시기는 프로이트 이론의 '항문기'이다

③ 주도성 대 죄책감(3~5세)

3단계 시기로, 유아는 탐색할 수 있는 자유를 허용하고 질문에 충실히 답해 줄 때 주도성이 발달한다. 이 시기에 활동을 제한하고 간섭하며 질문을 귀찮게 여기면 죄의식이 형성된다. 이때 주위로부터 지지와 격려를 받으면 자발성이 발달하지만, 자기의 행동을 주도할 기회가 부족하거나 목표를 성취하려고 주도한 행동이 성공하지 못할 때 생기는 부정적 감정은 죄책감을 가져온다. 프로이트 이론의 '남근기' 시기이다

④ 근면성 대 열등감(6~11세)

4단계 시기로, 아동이 성취할 기회를 부여하고, 성취한 것은 인정, 격려하면 근면성이 발달한다. 성취할 기회가 없거나 결과에 비난을 받고 귀찮은 존재로 여기면 열등감이 형성된다. 자아 성장에 결정적 시기로서, 아동은 기초적인 지적 기술을 습득하고 가족을 벗어나 사회적 관계를 넓히면서 사회에서 생존해 나가는 데 필요한 기술들을 숙달시켜 나간다. 또래들과 사귀면서 사회적 기술을 습득하게 되는데, 학교학습에서나 놀이에서 실수나 실패를 하면 자신감이 없어지고 열등감을 갖게 된다. 프로이트 이론의 '잠재기(잠복기)' 시기이다.

⑤ 자아정체감 대 정체감 혼미(청소년기)

5단계 시기로, 청소년이 자신의 존재나 가치에 대한 인식이 정체감을 발달시키는 시기이다. 사춘기에 들어서면 신체적변화가 급속히 일어나고 불안감, 성역할과 직업선택의 불안정은 역할혼미를 초래하게 되며 자신에 대한 회의와 의문이 시작되는 혼란을 정체감 위기라고 한다. 자신을 정립하고 분명한 자기인식을 가지게 되면서 자아정체감이 확립되는 반면 자기에 대한 의문에서 회의와 혼란, 방황이 길어지고 자아 확립이 되지 않을 경우 역할 혼미 또는 정체감 혼미를 갖는다. 역할 혼미 상태에서 미성숙, 과대 동일시가 나타날 수 있으며, 다음 단계에서도 방황이 계속될 수 있다. 에릭슨은 이 시기를 심리적 유예기라고 불렀다. 프로이트 이론의 '성기기(생식기)' 시기이다.

⑥ 친밀감 대 고립감(성인 초기)

6단계 시기로 성인기가 시작되는 단계이다. 타인과 친밀한 인간관계를 유지하는 능력을 발달시키는 시기로, 친밀한 관계 형성에 실패하면 고립감을 느끼게 된다. 바람직한 정체감을 형성한 사람은 성인기에 접어들었을 때 타인과의 관계 속에서 친밀감을 형성할 수 있게 되며, 이성과의 관계에서도 성적으로 그리고 지적으로 진정한 관계를 이룰 수 있다고 보았다. 직업을 가지고 배우자를 찾는 과정과 관련되며 타인과 친밀한 관계를 이룰 수 없을 때 고립감이나 자아몰입에 빠지게 된다.

⑦ 생산성 대 침체감(중년기)

7단계 시기로, 중년기에 생산성 대 침체성이라는 일곱 번째 위기를 경험한다. 생산적 활동을 통해 타인과 사회를 위해 노력할 때 생산성이 발달하며, 이러한 활동에 참여하지 못하면 침체감에 빠진다. 가정에서 자녀를 생산하여 양육하고 교육하게 되는 시기로, 사회적으로는 다음 세대를 양성, 지도하는 과정에 관심과 노력을 기울인다. 직업인인 성취나 학문적, 예술적 업적에서도 생산적으로 일하게 되는 시기로 생산적인 중년들은 다음 세대와의 연결을 통해 사회의 존속과 유지를 위해 헌신한다.

⑧ 통합성 대 절망감(노년기)

마지막 8단계 시기로, 발달과업은 절망감의 위기를 극복하고 자아통합을 이루는 것이다. 자신의 살아온 삶을 되돌아보고, 자신을 수용하고 인생에 대한 의미 있게 관조할 수 있을 때 통합성이 형성되며, 인생을 받아들이지 않고 후회하며 죽음을 두려워할 때 절망감에 빠진다. 성공과 실패는 신체적, 사회적 퇴보를 인정하고 인간의 존재에서 잃어버린 기회, 불행을 어떻게 수용하는가에 달려 있다.

3. 에릭슨 이론에 대한 비판적 시각

① 문제점

에릭슨의 정해진 순서로 나타나는 적절한 시기가 각 발달 단계라고 보았다. 출생 후의 초기 경험의 중요성을 강조하였다는 점에서, 프로이트의 이론과 함께 인간발달을 수동적, 비관론적으로 보았으나, 각 단계의 과학적인 정확한 근거가 제시되지는 못했다.

② 장점

정상적인 인간을 대상으로 수립된 자료를 기초로 하여 구축된 이론이다. 정상적인 인간이 전 생애에 거쳐 사회적 관계 속에서 성장하고 발달되는 과정을 설명하고 있다.

4. 프로이트와 에릭슨 이론의 차이점

① 에릭슨은 프로이트의 정신분석적 관점에 기초하여 사회성 발달이론을 구축하였다. 프로이트가 리비도의 역동으로 성적 욕구와 발달의 단계에 초점이 있다면, 에릭슨은 인간이 사회 속에서 타인과 사회적 관계 맺는 이론과 영향을 강조하였다.

② 프로이트의 이론은 성적욕구를 통한 개인의 인성 발달의 측면이라면, 에릭슨의 이론은 개인이 처한 사회적 관계 속에서 개인의 자아를 분석한 심리 사회적 발달로 나눈 것이다.

③ 프로이트는 개인의 성격발달이 뚜렷한 5단계를 거쳐 청소년기에 비교적 완성되며, 에릭슨은 성장과 변화는 인간의 전 생애를 통하여 여덟 단계의 지속적인 발달이 이루어진다고 보아 단계 이론을 제시하였다.

④ 프로이트는 출생 후 유아가 경험하는 모성과의 신체적 접촉이 핵심이 된 구강기 만족을 강조했고, 에릭슨은 모성과 유아의 신체적, 심리적 접촉에 의하여 모성에 대한 유아의 신뢰감 형성을 강조하였다.

⑤ 프로이트는 신경증적 환자들의 수집된 자료와 자기 자신의 과거를 분석한 자료를 주로 분석했고, 에릭슨은 훨씬 광범위한 다수의 보통사람들로부터 수집된 자료에서 분석하였다. 정신분석적 관점은 과거 행동은 잘 기술하지만 정확한 미래 행동의 예측은 제공하지 못한다(Feldman, 2003).

2-2 에릭슨의 심리사회성 발달 이론: 예상 문제

01 인간은 생의 전 과정에서 각 단계마다 겪어야 하는 발달의 위기를 서로 대립되는 양극의 개념으로 에릭슨은 설명한다. 다음 중 에릭슨의 출생에서 약 1세까지의 시기에 나타나는 발달단계는 무엇인가?

① 정체감 대 정체감 혼미
② 자발성 대 죄책감
③ 신뢰감 대 불신감
④ 생산성 대 침체감

 정답 ③

 해설 에릭슨은 심리사회적 발달이론 연구에서 인간이 사회 속에서 타인과 사회적 관계를 맺어가는 것에 초점을 맞추었다. 신뢰감 대 불신감은 출생에서 약 1세까지에 나타난다.

02 다음 [보기]의 내용과 가장 관계가 깊은 학자는 누구인가?

> 정신분석학자 프로이트의 5단계이론에서 확장, 성인기 이후의 세 단계를 추가하여 8단계로 인간의 전 생애를 다루고 있다. 성격이 일생을 통해 발달한다고 가정하며 '심리사회적 발달 이론'을 연구한 학자이다.

① 콜버그
② 피아제
③ 에릭슨
④ 게젤

 정답 ③

 해설 성격이 일생을 통해 발달한다고 가정하며, 인간의 전생애를 8단계로 제시한 미국의 교육심리학자이며 '심리사회적 발달 이론'을 연구한 학자는 '에릭슨'이다. 아동기와 사회발달에서 프로이트의 5단계 이론에 성인기 이후의 세 단계를 추가하여 8단계로 인간의 전 생애를 다루고 있다.

03 다음 중 에릭슨이 심리 사회적 이론을 정립하는 데 초점으로 한 것은 무엇인가?

① 발달에서의 유전의 중요성
② 신체적인 성장 속도
③ 사회 속에서의 타인과의 사회적 관계 형성
④ 리비도의 역동

정답 ③

해설 프로이트가 리비도의 역동과 이동의 과정에 초점을 맞추어 발달의 단계를 나누었는데, 에릭슨은 인간이 사회 속에서 타인과 사회적 관계를 맺어가는 데 초점을 맞추어 발달단계를 제시하고 있다.

04 다음 중 에릭슨의 심리사회적 발달 단계 중 프로이트 이론에 의하면 항문기에 해당하는 시기는?

① 신뢰감 대 불신감
② 자발성 대 죄책감
③ 근면성 대 열등감
④ 자율성 대 수치감

정답 ④

해설 프로이트의 발달이론에서 항문기는 2세 ~ 3세 까지의 시기 이다. 에릭슨은 자율성이나 수치심이 발달하는 시기로 보았으며, 항문기 시기 유아는 스스로 선택하려 하고 자신의 의지를 갖고 자율성을 키우게 된다.

05 다음 중 프로이트와 에릭슨의 발달 단계 구분 중 서로 관련 있는 단계가 옳게 연결된 것은?

① 구강기 → 생산성 대 침체성
② 항문기 → 통합성 대 절망감
③ 남근기 → 자발성 대 죄책감
④ 잠복기 → 친밀감 대 고립감

정답 ③

해설 프로이트와 에릭슨의 발달 단계에서 남근기는 자발성 대 죄책감시기 이다. 구강기는 신뢰감 대 불신감, 생식기는 정체감 대 정체감 혼미, 항문기는 자율성 대 수치감, 잠복기는 근면성 대 열등감 시기이다.

06 에릭슨의 연구에서 인생의 마지막 시기인 8단계 '노년기'에 형성되는 발달 특성은 무엇인가?

> **정답** 통합 대 절망감
> **해설** 에릭슨의 이론에서 인생의 마지막 시기인 노년기에 형성되는 발달 특성은 통합 대 절망감 시기이다.

07 프로이트의 성격발달이론의 '잠복기'에 해당하는 단계에 해당하는 에릭슨의 전생애 발달 이론 중 4번째 이루어지는 발달단계는 무엇인가?

> **정답** 근면성 대 열등감
> **해설** 프로이트의 성격발달이론에서 잠복기에 해당하는 단계에 해당하는 에릭슨의 발달 단계는 근면성 대 열등감 시기이다.

08 에릭슨의 발달이론에서 처음으로 체계적으로 사용한 개념으로서, '자기의 위치나 능력, 역할과 책임 등에 대한 의식이며 확신'이라 할 수 있는 것은 무엇인가?

> **정답** 자아정체감
> **해설** 자아정체감이란 발달이론에서 처음으로 체계적으로 사용한 개념으로서, 자기의 위치나 능력, 역할과 책임 등에 대한 의식이며 확신이라고 할 수 있다.

03 피아제의 인지발달 이론

1. 인지발달의 정의

아동의 인지발달은 성인과는 질적으로 다르며, 내적으로 표상하고 생각하며 인간의 지능을 이해하는 새로운 초점을 제공하였다. 정신분석이론은 아동의 무의식적인 사고의 중요성을 강조, 인지발달이론은 아동의 의식적인 사고를 강조하는 이론이며, 합리적인 사고를 강조하는 것이다.

① 피아제(Jean Piaget)는 독자적으로 인지발달에 관한 포괄적인 지적 성장이론을 정립하였고, 아동의 독자적인 사고방식을 알아내기 위해 표준화된 검사 대신에 자발적인 경향의 흐름을 촉진하는 보다 개방적인 '임상면담방법'을 고안해 냈다.

② 피아제가 수립한 인간의 인지발달이론은 주로 인간의 지능발달에 관한 것으로 지능의 기능적이고 구조적인 두 측면으로 설명되고 있다. 이후 수학적, 과학적 개념에 관한 아동의 이해에 연구의 초점을 두었다.

2. 인지발달의 주요 개념

피아제(1954)는 인간의 인지발달을 환경과 끊임없는 상호작용을 통하여 이루어지는 적응과정이며, 인지주의 관점의 세상에 대한 지식, 이해, 사고의 과정에 초점을 두는 과정이라고 본다. 피아제(1896-1980)의 인지는 조직화, 적응, 평형화의 선천적 경향성을 통해 발달되며, 도식, 동화, 조절, 그리고 평형의 개념이 중요한 의미를 갖는다.

① 도식(구조)

사물이나 사건에 대한 전체적인 윤곽이다. 유기체가 가지고 있는 기존의 체제를 이해하는 틀을 도식(구조)이라고 하며 도식은 '행동과 생각의 조직화된 형태'이다. 즉, 인지구조이다. 예를 들어, 갓난아기는 단순한 빨기 도식을 가지고 있지만, 곧 엄마의 젖과 젖병과 손가락을 빨 때 각각 달라지는 복합적인 도식으로 발전한다.

② 동화

새로운 환경자극에 반응하여 '기존의 도식을 사용해 자극을 이해하는 과정'으로서, 사물을 볼 때 기존의 틀에 맞춰 해석하는 것이다

③ 조절

유기체가 새로운 대상을 기존의 체계로는 받아들일 수 없는 경우, 즉, 동화의 실패를 깨달으면서 조절이라는 과정을 사용한다. '새로운 정보를 수용하기 위해 기존의 도식을 수정하는 과정'이 조절이다.

예 유아가 흰 고양이를 쥐라고 말할 때 '아니야, 그것은 흰 털이지만 고양이란다'라고 특징을 바로잡아 새로운 도식을 형성해 나가는 것이다.

④ 평형

평형은 동화와 조절의 균형을 회복하려는 경향성을 의미한다. 어느 한쪽에 치우치지 않도록 적응하는 유기체와 환경의 상호작용이다.
또한 '적응'은 환경에 맞게 조정하려는 경향성이며, '조직화'는 지식을 일관성 있게 체계화하거나 범주를 만드는 경향성이다.

3. 인지발달의 단계

피아제(1954)의 인지발달 이론은 감각운동기, 전조작기, 구체적 조작기, 형식적 조작기와 같이 네 단계로 구분하였다. 질적으로 다른 이 단계들은 정해진 순서대로 진행되고 단계가 높아질수록 복잡성이 증가한다는 연구이다.

(1) "1단계" 감각운동기(0~2세)

감각운동기는 단순한 반사들이 나타나는 출생에서 2세까지의 시기로, 주요한 특성은 '대상영속성'이라는 개념을 획득하게 된다. '대상영속성'이란, 대상이 시야에서 사라지더라도 계속 존재한다는 것을 인식하는 능력이다. 감각운동기의 발달 단계에서 나타나는 각각의 주요행동 특성과 독립적이지만 상호 관련된 하위 6단계가 있다.

① 반사운동기(출생~1개월)

자극에 대한 반응으로서 신생아가 입 가까이에 있는 것은 무엇이든 빨고 잡히는 것은 무조건 잡으며 소리가 나는 쪽으로 고개를 돌리는 등의 반사 기능을 통해 환경에 적응해 나간다. 이때 인지적 발달의 변화는 적은 편이지만 평소와 다른 젖꼭지의 크기, 물체의 크기에 따라 반사 행동이 조금씩 바뀌는 것을 볼 때 아주 초보적인 조절 기능이 일어난다.

② 1차 순환반응기(1~4개월)

반사 기능이 좀 더 정교화 되고 외부 환경보다는 자신의 신체에 더 관심을 가지는 시기이다. 이때 영아는 빨기, 잡기와 같은 행동을 유도하는 자극이 없어도 반사 행동을 하게 되는데 우연히 한 행동을 통하여 재미있거나 흥미로운 결과가 보이면 그것을 계속해서 반복하려 한다. 우연히 입 주위에 있던 자신의 손가락을 빨게 되어 재미가 있었고 이후 자신의 손가락을 빨려고 찾아봄으로써 잡기, 보기, 빨기의 단편적인 반사 기능이 통합되어 잡아서 보고, 보고 빨기 등의 새로운 도식이 형성된다.

③ 2차 순환반응기(4~8개월)

이 시기 영아는 앉을 수 있고 손을 뻗어 사물을 잡을 수 있는 능력이 생긴다. 2차 순환반응은 선척적 반사가 아닌 아기의 학습으로 획득한 반응인 것이다. 인지의 범위가 외부 세상으로 확대되고, 행동이 일으키는 변화에 흥미를 가지고 행동을 반복하기 때문에 이차 순환반응기라고 한다. 아기는 욕구가 생기면 그 욕구 충족을 위해 '의도적 행위'가 나타나기 시작하고, 점차 자기 힘으로 사건을 만들어 가는 능력이 생긴다.

④ 2차 순환반응의 협응기(8-12개월)

이 시기 영아는 자신의 신체보다는 주위 환경에 관심을 가지고 있으며, 자신의 목표를 달성하기 위해 이전에 획득한 도식을 새로운 상황에 사용한다. 예를 들면, 영아가 원하는 어떤 것을 잡으려는 행동을 보이자 손으로 막았더니 처음에는 그것을 무시하고 넘어서 돌아가려고 애썼으나, 며칠이 지나자 손으로 방해물을 제거하고 어떤 것을 잡는 데 성공했다. 이를 통해 '잡는 도식'과 '방해물 치우기 도식'을 협응 시킨다는 것을 알게 된다.

⑤ 3차 순환반응(12~18개월)

이 단계는 5단계로서 영아는 단순한 목적을 지닌 반복이 아니라 다양한 시도를 하게 된다. 예를 들면, 이 시기의 영아는 다양한 소리를 듣기 위해 숟가락, 연필, 막대기 등 여러 물체를 이용해 두드리는 시도를 해본다. 어른이 가르쳐 주지 않아도 아기 스스로 학습하고, 외부세계에 대한 선천적인 호기심을 통해 자기의 도식을 발달시켜 간다.

⑥ 정신적 표상기(18~24개월)

이 단계는 감각운동기 중 하위 6단계로서 감각운동기에서 전조작기로 넘어가는 시기로 영아의 인지 능력은 크게 성장한다. 영아는 눈앞에 없는 사물이나 사건들을 정신적으로 그려내는 정신적 표상을 사용할 수 있다. 문제해결을 위해서도 시행착오적 시도를 하기보다 행동하기 전에 머릿속에서 먼저 생각을 한 이후에 행동을 한다. 이와 같은 정신적 표상이 가능해지면서 불가능했던 '지연모방'이 가능해 진다. '지연모방'이란 특정 행동을 목격한 후 일정 시간이 지난 후에 그 행동을 재현하는 것이다.

(2) "2단계" 전조작기(약 3~5세)

이 시기 정신적 표상에 의한 사고가 가능하며, 개념적인 조작능력이 충분히 발달되지 못하여 전조작기라고 한다.

① 상징적 활동의 증가

이 시기 놀이는 비언어적 상징 행동이 많이 나타난다.(예 베개를 아기처럼 업거나 팔에 안고 잠재우는 시늉)

② 직관적 사고

사물이나 사건의 여러 측면에 주의를 할 줄 모르며, 그 속에 내재된 규칙이나 조작을 이해하지 못하고 직관적 사고를 한다.

③ 자아 중심성

사물을 자기의 입장에서 자기중심적으로 보기 때문에 타인의 관점은 이해하지 못한다.

④ 물활론적 사고

사물은 모두 살아 있고 각자의 의지에 따라 움직인다고 본다. 점차 움직이는 것은 모두 살아 있다고 믿고, 움직이지 않는 것은 산 것이 아니라고 믿는 것이다.

⑤ 도덕적 실재론

규칙이란 지키지 않으면 벌을 받기 때문에 절대적으로 지켜야 한다고 본다.

⑥ 꿈의 실재론

유아는 자신이 꿈꾼 것이 실재라고 생각한다.

(3) "3단계" 구체적 조작기(6~12세)

이 단계에서 전조작기에서 갖지 못한 가역성(可逆性)이라는 특성을 갖는다. 초보적이나마 논리–수학적인 사고, 조작적 사고가 가능해져서 이전에 없던 보존개념의 획득, 분류화, 서열화를 할 수 있고 자기 중성성에서 벗어나는 시기이다.

① 구체적 조작기 아동은 일반적인 것으로 관점이 확대되고, 내적 표상을 여러 가지 방식으로 조정할 수 있고 유목을 포함한 문제를 해결한다. 예를 들면, 물 컵에 담긴 그릇 크기가 달라져도 그 속의 양에는 변동이 없다는 '보존개념'을 이해한다. '보존개념'이란, 사물의 양은 그 모양이 변하거나 여러 부분으로 나뉘어도 모양이나 수가 변하지 않는다는 것이다.

② '탈중심성'이 나타나 자기중심성에서 벗어나는 시기이다. 서열화의 능력을 갖추게 되며, 사물을 증가 또는 감소하는 순서대로 배열하는 능력을 획득한다. 전체 중에서 가장 작은 것을 고른 다음, 다시 나머지 중에 가장 작은 것을 고르는 방식으로 서열을 구성할 수 있는 능력이 생긴다.

③ 이 시기 구체적 사고는 경험적 현실이다. 즉, 현재의 여기에서 일어나는 구체적 사

실에만 한정된다.

⑷ "4단계" 형식적 조작기(13세~)

'청년기 단계'이다. 형식적 조작기의 특징은 새로운 상황에 직면했을 때 현재의 경험 뿐만 아니라 과거와 미래의 경험을 활용한다. 체계적이고 과학적 사고가 가능하며, 문제해결을 위해 사전 계획을 세울 수 있다. 추상적인 사고와 추론도 가능하고 가설을 세우는 것이 가능한 시기이다. 체계적 검증 하에 추상적 개념을 사용하며, 여러 상황에도 일반화할 수 있게 된다. 조합적 사고, 연역적 사고를 통해 이상주의적 사고와 개념을 갖게 된다.

* 모든 아동이 일정한 동일 속도로 발달하는 것은 아니라는 비판이 있다.

2-3 피아제의 인지발달 이론: 예상 문제

01 다음 중 학자들이 사용한 '연구방법'이 바르게 연결된 것은?

① 피아제 → 임상 면담방법

③ 에릭슨 → 자유 연상

② 콜버그 → 자아 분석

④ 프로이트 → 동화와 조절

정답 ①

해설 피아제는 아동의 독자적인 사고방식을 알아내기 위해 '질문과 답으로 구성된 아동의 반응을 강요하는 표준화된 검사' 대신에 '자발적인 경향의 흐름을 촉진'하는 개방적인 '임상 면담방법'을 고안해 냈다.

02 다음 중 피아제(Piaget)가 인지발달의 적응 과정을 설명하기 위해 사용한 2개의 '하위과정'은 무엇인가?

① 퇴행과 고착

② 투사와 무의식

③ 동일시와 모델링

④ 동화와 조절

정답 ④

해설 동화는 인간이 외계의 사물을 볼 때 기존의 틀에 맞추어 해석하는 것이고, 조절은 유기체가 새로운 대상을 기존의 체계로 받아들일 수 없는 경우 기존의 체계를 다소 변경시켜 가는 과정이다.

03 다음 중 새로운 환경 대상이 자극에 반응함으로써, 사물을 볼 때 기존의 틀에 맞추어 해석하는 것을 무엇이라고 하는가?

① 동화
② 모델링
③ 조절
④ 동일시

정답 ①

해설 새로운 환경 대상이 기존의 체계에 맞지 않는 경우 기존의 체계를 다소 변경시켜 가는 과정을 조절이라 한다. 동화는 인간이 외계의 사물을 볼 때 기존의 틀에 맞추어 해석하는 것이다.

04 다음 중 인지발달의 주요개념에 대한 설명으로 가장 옳지 않은 것은?

① 조절: 기존의 체계를 다소 변경시키는 과정
② 구조: 유기체가 가지고 있는 기존의 체계
③ 도식: 후천적 동화적 구조
④ 동화: 외계의 사물을 기존의 틀에 맞게 해석하는 것

정답 ③

해설 도식이란, 유기체가 가지고 있는 기존의 체계, 즉 이해의 틀을 도식(구조)라고 한다. 이는 유기체가 생래적으로 가지고 태어나는 것이다.

05 다음 중 피아제의 인지발달 단계 중 감각운동기 발달로 거리가 먼 것은?

① 시행착오적 행동으로 문제 해결 시도
② 지연 모방 가능
③ 도식의 협응
④ 서열화 능력의 획득

정답 ④

해설 감각운동기는 시행착오 행동으로의 문제해결 시도, 지연 모방 가능, 도식의 협응 외에 내재적 표상을 통해 조작하고 변형한 후 대처 하는 것이다.

06 동화와 조절이라는 2개의 하위과정으로서 아동의 '인지발달'을 설명한 학자는 누구인가?

> **정답** 피아제(J. Piaget)
>
> **해설** 피아제에 의하면 인간의 인지발달은 유기체란 인간이 자기의 환경과 끊임없는 상호작용을 통해 이루어지는 적응과정이다. 이 적응과정은 두 개의 하위과정으로 나누어지는데, 그것이 '동화와 조절'이다

07 피아제의 인지발달이 가능한 발달 시기 중 조합적 사고, 연역적 사고와 이상향(Utopia)의 개념, 추상적 추론 가능한 시기는 무엇인가?

> **정답** 형식적 조작기
>
> **해설** 형식적 조작기는 인지발달이 가능한 피아제의 발달 시기 중 조합적 사고, 연역적 사고, 이상향(utopia)의 개념, 추상적 추론 가능한 시기이다.

08 피아제의 인지발달 단계 중 '사물은 모두 살아 있고 각자의 의지에 따라 움직인다.'고 보는 사고 단계는 무엇인가?

> **정답** 전조작기
>
> **해설** 전조작기의 특징 중 물활론적 사고(3~5세경)는 사물은 모두 살아있고, 각자의 의지에 따라 움직인다고 보는 것이다. 이후 6~8세경의 아동은 비로소 동물과 식물에만 생명이 있다는 것을 알게 된다.

1. 도덕 발달의 단계

도덕성은 선악을 구별하고, 옳고 그름을 판단하여 인간관계에서 지켜야 할 규범을 준수하는 능력을 말한다. 피아제의 도덕성 발달의 단계설 연구 대상 '4세~14세' 아동에게 질문을 제시하고 그에 대한 대답을 분석한 것이다. 예를 들면, "어머니를 도우려다 15개의 컵을 깬 영호와, 찬장에 들어있는 과자를 몰래 먹으려다 컵 한 개를 떨어뜨려 깨뜨린 진수 중 누가 더 나쁜지 묻는 내용"으로, 연구결과, 어린 아동들은 영호가 컵을 더 많이 깨뜨렸기 때문에 더 나쁘다고 판단했으며, "인지발달단계와 도덕성 판단은 병행적이다". 피아제는 이 실험을 근거로 도덕성 발달에서 명백히 구별되는 2단계 즉, 첫째, 타율적 도덕성 단계와 둘째, 자율적 도덕성의 단계 이론을 구축했다.

첫째, 타율적 도덕성의 단계(11세 이전): 이 시기 아동의 행동 특징은 이유를 찾거나 판단하지 않고 규칙에 무조건 복종하는 것이다. 정해놓은 규칙이 정당한 것인가에 대해서 의심을 품지 않고 그대로 따르는 단계이다.

- 습관의 단계(4세 이전): 자기만족을 위해 그동안 해오던 습관대로 하려는 시기이다. 즉, 하고 싶은 대로 해 오던 습관대로 하려는 시기이다.

- 성인 기준에 동조하는 단계(5~7세): 자기만이 아니라, 성인이 바람직하다고 생각하고 기대하는 것이 곧 행위의 규범이라고 생각하고, 그런 규범에 동조하고 따르고자 한다.

- 동료와의 상호적응단계(8~10세): 또래와의 관계에서 서로 간의 적응을 시도한다. 즉, 서로를 이해하고 협동하고 상호 합의에 도달하려고 하며, 그렇게 하는 것이 옳다고 생각하게 된다.

둘째, 자율적 도덕성의 단계: 규범이나 규칙에 대해 이전 시기보다 더 융통성을 보이며, 행위자의 동기나 의도를 고려하여 행동의 선악을 판단하는 개념을 갖게 되는 시기이다.

- 동기 존중의 단계(11~14세): 어떤 행동이 옳은지 그른지를 판단해야 할 때 그 행동

의 이면에 있는 동기나 의도를 존중하게 되고, 그 행동을 유발시킨 동기나 의도를 고려해야 한다고 생각한다.

● 규칙이나 원리 및 이상의 설정단계(15세 이후): 모든 행동을 원리나 규칙에 준하거나 맞추려 하고, 이상을 설정하며 추구한다.

2. 피아제 이론에 대한 비판

① 피아제의 도덕성 발달 연구는 어떤 특정 상황의 인지 내용에서 아동이 도덕적 판단을 한 것이지, 보편적이고 일반적인 상황에서 이루어진 도덕성 판단은 아니라는 것이다.

② 피아제의 도덕 판단의 단계가 모든 문화권에 적용하기는 어렵다.

1. 콜버그의 연구 방법

콜버그(L. Kohlberg)는 도덕성 발달에 관하여 주로 아동을 대상으로 하던 피아제의 이론을 발전시켜 성인으로 확대하여 도덕성 발달 단계를 체계화 하였다.

① 콜버그(1958)는 피아제가 도덕성의 발달 단계를 자기규제성 여부에 근거해서, 타율적 도덕성과 자율적 도덕성의 단계로 나눈 것에서 크게 이탈하지 않으면서도 그의 단계를 세분화, 연구방법론의 문제점 보완, 도덕성 발달단계를 1~6단계로 나누고 6단계 이론을 구축하였다.

② 콜버그는 서로 다른 문화적 배경, 연령이 다른 아동 청소년에게 '도덕적 행위의 동기'와 '인간 생명의 가치' 등 도덕성의 문제를 담고 있는 '도덕적 딜레마'를 들려준 후 '어떻게 하겠는가?', '왜 그렇게 해야 하는가'를 물어 이러한 질문들에 대한 대답을 기초로 하여 연구했다. 도덕성 발달의 단계를 '세 가지 수준'인 '전 인습 수준, 인습 수준, 후 인습 수준'으로 구분하였다.(딜레마상황의 ▣ 탈옥수 이야기, 중대장의 이야기, 하인즈(Heinz)의 이야기)

③ 길리건(1982)은 '여자들의 도덕성과 윤리' 책에서 도덕성 발달과 성차에 관해 여성들은 감정, 배려, 관계성을 고려하는 경향이 있다고 제안하였다. 남성과 여성의 도덕성 발달은 성차라기보다는 문제해결을 어떤 관점과 가치에서 구하느냐의 차이라고 보아야 한다고 연구하였다.

2. 콜버그의 도덕성 발달의 6단계

콜버그는 도덕성 발달을 세 수준, 즉, 전 인습적, 인습적, 후 인습적 수준으로 도덕성을 구분하였고, 세분화, 정교화된 여섯 단계의 도덕성 발달이론을 연구했다.

① 전 인습적 수준(2~6세)

인습적이란 말은 사회 규범, 기대, 관습, 권위에 순응하는 것을 뜻하며, 전인습적 수준에 있는 사람은 외적 요인들에 의해서 행위를 결정하며 사회 규범이나 기대를 잘 이해하지 못하는 도덕성이다.

● 1단계 처벌과 복종 지향: 결과만 가지고 행동을 판단한다. 즉 보상을 받는 행동은

좋은 것이고, 벌을 받는 행동은 나쁜 것이다. 처벌을 피할 수 있거나 힘이 있는 사람에게 무조건 복종하는 것 자체가 도덕적 가치를 갖는 시기이다. 어른이 복종하라고 말하기 때문에 복종하는 단계이다.

- 2단계: 도구적 상대주의(상대적 쾌락주의): 아동들의 도덕적 사고는 보상과 자신의 이익에 바탕을 두고 있다. 동기 유발은 자신이 바라는 보상을 획득하기 위해 타인을 도구적으로 이용하는 것이라고 본다. 옳은 것이란 기분이 좋고 무엇인가 보상을 주는 것이라고 생각한다.

② 인습적 수준(6~12세)

이들의 도덕적 추론은 사회적 권위에 기초하며, 사회 관습에 걸맞은 행동을 도덕적 행동이라고 간주한다. 즉, 이 수준의 아동은 착한 행동을 하는 것과 전통적·인습적인 사회질서를 유지하는 것으로 도덕을 정의하며, 적극적으로 질서를 유지하고 지지하며 사회 집단의 규칙과 기준을 준수하고자 한다.

- 3단계(좋은 대인관계 지향): 아동은 신뢰, 보호, 타인에 대한 충성을 도덕적 판단의 기준으로 삼는다. 부모의 도덕적 규범을 받아들이지만, 이는 부모가 자신을 '좋은 아이, 착한 아이'라고 생각하는 것은 지향하기 때문이다.

- 4단계(법과 사회 질서 지향): 도덕적 판단이 사회질서, 법, 정의, 의무 등에 근거하여 이루어진다. 추상적 사고의 능력으로 인해 청년은 이제 자신이 사회의 일원으로 생각한다. 사회를 하나의 전체로 인식하고, 사회질서를 위해 법을 준수하는 행동이 도덕적 행동이라고 생각한다.

③ 후인습적 수준(12~20세)

도덕성 발달의 최상위 수준이다. 이 수준에서는 도덕성이 완전히 내면화되며 타인의 규범을 바탕으로 하지 않는다. 옳고 그름을 정의로 판단하며, 법이나 관습보다는 개인의 가치 기준에 우선을 둔다.

- 5단계(사회 계약과 개인권리 지향): 법은 사람들이 화목하게 살기 위한 장치로, 이를 충족시키지 못하면 민주적 절차를 통해 법도 변경 시킬 수 있다고 본다. 가치와 법은 상대적이고 규범이 개인마다 다르며, 법이란 사회에서 중요한 것이지만 변화될 수 있음을 안다.

- 6단계(보편적 원리로서 윤리적 원리 지향): 가장 높은 도덕적 단계로 개인의 양심에 비추어 옳고 그름을 판단해야 한다. 이 단계의 개인은 만인의 권리를 바탕으로 한 도덕적 규범을 가지며 법과 양심 사이에서 갈등을 느낄 때 양심을 따른다.

3. 콜버그의 이론에 대한 비판과 보완

① 도덕성의 발달 단계는 불변적인 순서인가의 쟁점이다. 단계 순서에 대해 콜버그는 대부분 횡단적 연구 자료를 연구했다. 종단적 연구 자료에서 이러한 단계 순서가 도출될 수 있을까 하는 의문이 있을 수 있다.

② 콜버그는 자신의 이론의 단계 순서에서 퇴행이란 없다고 했는데, 그의 연구에서 일시적이지만, 대학생들이 인습적, 도덕적 견해를 버리고 상대주의적 의문 시기로 돌아가는 것이 발견되었다.

③ 단계에서 단계로의 이행 문제이다. 콜버그의 도덕적 단계는 아동의 자발적 행동의 결과이다. 따라서 도덕성 발달에 미칠 수 있는 교육이나 사회화의 영향력이 간과되었다.

④ 콜버그는 서로 다른 문화권에서 자란 표집 대상을 연구 대상에 포함시키기는 했으나, 미국의 중상류계층의 남성들만을 대상으로 연구하였다. 여성의 특성을 고려하지 못했고 문화적 차이를 반영하지 못하고 정치적으로 자유주의적인 조망에서 위계를 가정하였다는 비판을 받는다(장휘숙, 2002).

⑤ 콜버그의 이론은 아동의 도덕적 사고에 관한 것이지 도덕적 행동에 관한 것은 아니므로, 도덕적 사고와 도덕적 행동 간의 일치성이 나타날 것인가에 대한 의문이 제기된다.

⑥ 콜버그의 도덕성 발달 단계에서는 도덕의 원천으로서 이타심 혹은 사랑과 같은 정의적 측면에 대한 고려가 결여되어 있다.

⑦ 콜버그는 여성이 남성보다 열등하다는 도덕 수준의 성차를 인정하였기에 많은 논란이 되고 있다.

2-4 피아제·콜버그의 도덕성 발달이론: 예상 문제

01 다음 피아제의 도덕성 발달단계 중 '타율적 도덕 판단 단계'의 특징으로 옳지 않은 것은?

① 규범이나 법칙은 언제나 필요할 때 변경시킬 수 있다.
② 법률이 수정 불가능한 것으로 본다.
③ 성인 기준에 동조하고 따르려 한다.
④ 또래와 횡적인 관계를 맺는다.

정답 ①

해설 타율적 도덕 판단의 단계는 약 11세 이전의 아동들은 규범이나 법률은 전지전능의 신이나 어른이 만든 수정 불가능의 절대적인 것이라고 생각한다. 따르고 복종하는 것만이 최고의 선이라고 믿는다.

02 다음 [보기]의 내용과 관련된 피아제의 도덕 발달 단계는?

> 규범이나 법률이 인간에 의해 결정된 것임을 이해하고, 좀 더 융통성 있는 생각을 가지고, 변경시킬 수 있는 것이라고 생각한다.

① 횡적 도덕 판단
② 종적 도덕 판단
③ 자율적 도덕 판단
④ 타율적 도덕 판단

정답 ③

해설 규범이나 법률이 인간에 의해 결정된 것임을 이해하고, 좀 더 융통성 있는 생각을 가지고, 변경시킬 수 있는 것이라고 생각하는 것은 '자율적 도덕 판단의 단계'이다.

03 다음 중 학자와 인간발달이론이 바르게 연결된 것은?

① 콜버그 – 도덕성 발달이론
② 피아제 – 사회성 발달이론
③ 에릭슨 – 사회학습이론
④ 프로이트 – 인지발달이론

정답 ①

해설 콜버그(Kohlberg)는 피아제(Piaget)의 도덕성 발달이론을 확대 발전시켜 자신의 독자적 도덕성 발달이론을 구축 하였다.

04 다음 중 콜버그가 도덕적 판단의 근거를 삼기 위해 사용했던 '대표적인 딜레마의 상황'은 무엇인가?

① 솔로몬의 두 창녀 이야기
② 하인즈의 이야기
③ 지킬박사와 하이드
④ 백설공주와 일곱 난쟁이

정답 ②

해설 콜버그는 딜레마 상황을 제시하여 그런 상황에서 각 연령별 아동에게 도덕적 판단을 하도록 요구했다. '탈옥수 이야기, 중대장의 이야기, 하인즈의 이야기' 등이 딜레마의 상황으로 제시되었다.

05 다음 [보기]와 같이 도덕성 발달 단계를 나누어 설명한 학자는?

- 전인습적 도덕 수준 (2~6세)
- 인습적 도덕 수준 (6~12세)
- 후인습적 도덕 수준 (12~20세)

① 스키너 (B. F. Skinner)
② 파블로프(I.P. Pavlov)
③ 콜버그(L. Kohlberg)
④ 피아제 (J. Piaget)

정답 ③

해설 콜버그의 도덕성 발달단계는 전인습적 도덕 수준 → 인습적 도덕 수준 → 후인습적 도덕 수준이다.

06 도덕성 발달과 성차에 대해 남성과 여성의 도덕성 발달은 성차라기보다는 문제 해결 방책을 어떤 관점과 가치에서 구하느냐의 차이라고 보아야 한다고 한 학자는 누구인가?

정답 길리건

해설 도덕성 발달과 성차에 관해 남성과 여성의 도덕성 발달은 성차라기보다는 문제 해결 방책을 어떤 관점과 가치에서 구하느냐의 차이라고 보아야 한다고 한 학자는 길리건이다.

07 피아제는 자율적 도덕 판단이 가능한 시기를 몇 세 이후라고 하는가?

정답 11세

해설 피아제는 자율적 도덕 판단이 가능한 시기는 11세 이후이다.

08 도덕성 발달단계를 나누어 연구하였으며, 남성이 여성보다 도덕성으로 더 우월하다는 견해를 보이고 있는 학자는 누구인가?

정답 콜버그

해설 도덕성 발달단계를 연구한 학자는 콜버그이다. 남성이 여성보다 도덕성으로 더 우월하다는 도덕 수준의 성차를 인정하고 있다.

06 학습 이론

1. 파블로프(Ivan Pavlov)의 고전적 조건화이론

학습이론은 아동발달에서 생물학적 요인보다는 환경적 요인을 더 강조한다. 학습이론 가들은 개인의 인생에서 얻게 되는 학습경험이 인간발달에서 변화의 근원이라고 한다. 따라서 환경을 새구성함으로써 새로운 학습을 경험하게 되면 빌달에 변화를 가져올 수 있다고 주장한다. 이런 의미에서 학습이론을 행동주의 이론이라고 한다.

① 파블로프(Ivan Pavlov)

현대 학습이론의 아버지로시 행동주의 창시자이다. 피블로프는 조건 반시(1927)라 는 책을 통해, 자극과 반응간의 관계, 인간행동에 관한 연구를 최초로 과학으로 완 성했다.

② 고전적 조건반사와 고전적 조건형성

유기체가 중성자극에 특정한 반응을 보일 때 '고전적 조건화'는 일어난다. 고전적 조건화이론은 아무런 반응을 유발하지 않는 자극과 무조건 반응을 일으키는 자극의 결합이 바탕이 된 학습이론이다.

③ 파블로프의 '배고픈 개' 실험을 통한 조건형성의 원리를 발견

● 파블로프의 실험은 배고픈 개에게 음식을 주면 개는 타액을 분비하는데. 만일 음 식을 다른 사건, 즉, 종을 울리는 것과 같은 사건과 함께 제공하면, 개는 마침내 종만 울려도 침을 흘리게 된다. 그 자체만으로 개로 하여금 타액을 분비하도록 할 수 없었던 중립적 자극에 대한 학습된 타액분비 반응을 조건반사(Conditioned Reflexes)라고 부르며 이 과정을 고전적 조건형성이라고 한다. 여기서 '음식물 을 무조건자극'이며, '종소리는 조건자극', '개가 음식물에 대해 침을 분비하는 것 은 무조건 반응', 종소리만 들어도 침을 분비하는 것은 '조건반응'이라고 한다.

④ 고전적 조건형성과 영향요인

파블로프는 조건반사의 강도에 영향을 주는 요인을 확인했는데, 강화와 소멸 그리 고 일반화와 자극 변별화가 그것이다. 강화(Reinforcement)는 한 행동에 뒤따르는 자극사건이 그 행동을 다시 일으킬 가능성(확률)을 증가시킨다는 것을 의미한다. 학 습되어 조건 형성된 반응이라도 무조건자극 없이 조건자극만 계속 주어졌을 때 조

건반응이 줄고 결국에는 사라지고 만다. 이와 같은 상황에서 반응이 점차적으로 약해지고 사라지는 현상을 '소거'라고 한다.

2. 왓슨의 행동주의적 관점

행동주의적 관점의 발달 이해의 핵심은 관찰할 수 있는 행동과 외부 환경에 있는 자극들이라고 주장한다.

① 왓슨은 '행동주의'라는 용어를 처음 만든 미국의 심리학자(1878-1958)로서 '행동주의적 관점'을 요약했다. 그는 환경을 구성하고 있는 자극을 주의 깊게 연구하는 것으로 발달을 완전히 이해할 수 있으며, 환경을 효과적으로 조절하는 것으로 어떤 행동도 만들 수 있다고 주장한다.

'왓슨'은 아동이 성장함에 따라 정서적 반응을 고전적 조건형성을 통해 습득하게 되며, 자극을 알면 그 행동을 예측할 수 있다고 연구했다.

② '왓슨'은 의식을 배제하여 객관적으로 관찰 가능한 행동만을 문제로 삼아야 한다는 것을 주장함으로써 자극(S)과 반응(R)의 연쇄 행동을 설명하는 것이 'S-R 심리학 이론'이다. '왓슨'은 행동의 적절한 자극을 선택하여, 그로 인해 형성되는 자극에 대해 초점을 맞추었다. 자극에 대한 반복적인 반응이 결국 습관으로 고착화되어 자극과 반응의 관계를 이룬다.

예를 들면, 아이에게 흰 쥐를 보여줄 때는 아이가 놀라지 않았지만, 흰 쥐를 지속적으로 보여주면서 아이가 놀라도록 큰 소리 쳤고, 점차 흰 쥐를 보는 아이는 공포심을 느끼게 된다. 그 후 지속적으로 자극을 주면 아이는 털이 있는 동물을 보기만 해도 공포심을 느끼게 된다.

3. 스키너(B.F. Skinner)의 조작적 조건화 이론

특정 자극에 대하여 일어나는 반응행동의 학습과는 달리, 자발적으로 일어난 어떤 행동이 그 긍정적 혹은 부정적 결과에 따라 강화가 되거나 혹은 약화가 되는 과정이 '조작적 조건화'이다.

① 고전적 조건형성

고전적 조건형성에서는 조건자극에 의해서 새로 학습된 반응이 나온다. 조작적 조건형성에서는 학습자가 한 상황에서 어떠한 반응을 하게 되었을 때, 그 반응과 그 반응 뒤에 따라 일어난 결과가 되풀이됨으로써 연합이 이루어지는 것이다.

반응 뒤에 일어난 결과가 만족스러웠다면 그 후 동일한 상황에 놓이는 경우, 만족스런 결과를 가져온 행동을 다시 하게 될 확률이 증가한다.

② 강화

조작적 조건형성에서 강화란 한 반응이 발생하는 확률을 높여서 그 반응이 일어날 가능성을 높여주는 것이다. 예를 들어, 아동이 더러운 얼굴을 스스로 세수한 후, 엄마로부터 칭찬을 받았다면 칭찬은 정적 강화로 작용할 것이다.

③ 정적 강화

정적이란 특정 반응이나 행동이 출현될 가능성이 증가된다는 의미이다. 강화란 바람직한 행동의 증가와 관련된 과정이다. 정적 강화란 한 행동을 한 후에 바로 뒤따라 칭찬이 제공됨으로써, 그 행동이 그 이후에 나타날 가능성이 높아지는 것을 의미한다.

④ 부적 강화

정적 강화에서와는 달리 불쾌한 상황을 피할 수 있거나 불쾌한 자극이 제거됨으로써 강화가 되는 것이다. 예를 들어, 자동차의 운전석에 앉아서 안전벨트를 매지 않고 있으면, 불쾌한 버저 소리가 계속 지속된다고 한다면, 안전벨트를 매는 행동은 증가하게 될 것이다.

⑤ 처벌

특정 행동이 소거되거나 혹은 억제하는 과정이다.

⑥ 정적 처벌

체벌이나 야단치는 데서 볼 수 있듯이 행동이 나타난 직후에 불쾌한 결과가 가해지는 것이다.

⑦ 부적 처벌

잘못 했을 경우 TV 시청을 못하게 하는 경우에서와 같이, 행동이 나타난 직후에 그 상황에서 즐거운 무엇을 빼앗거나 제거하는 것이다.

⑧ 강화 계획

강화는 반응 직후에 주어질 때 가장 효과적이다. 특히 영아나 걸음마를 시작한 아동들에게서는 반응과 강화와의 간격이 짧아야만 효과적이다. 강화의 빈도를 정하는 것을 강화 계획이라고 하는데 아동에게 새로운 것을 가르칠 때는 아동이 행동할 때마다 강화해 주는 계속적 강화가 효과적이다.

4. 반두라의 사회인지학습이론

발달심리학자인 반두라(Albert Bandura)는 많은 행동들이 다른 사람의 행동을 관찰하는 것으로 학습된다는 관찰학습의 개념으로 '사회인지학습이론'을 주장하였다(Bandura, 1977).

① 이론

인간의 학습과정은 직접적인 강화에 의한 경험을 통해서 학습되기도 하지만, 타인의 행동을 관찰만 하여도 이를 모방함으로써 새로운 행동을 학습할 수 있다고 연구했다. 일상적인 사회생활에서 많이 이루어지기 때문에 사회학습이론, 관찰을 통해 이루어지는 학습이라 하여 관찰학습, 직접적이 아니라 대리적으로 이루어진다 하여 '대리학습'이라고도 한다.

② 대리적 강화

반두라는 관찰학습에는 내적인 인지적 변수가 포함된다고 하였고, 어떤 새로운 행동이 가져올 가능한 결과를 관찰로써 알 수 있게 되는 것이 '대리적 강화'이다.

③ 관찰학습의 요소

관찰학습은 4단계로 일어난다. 첫째, 관찰자는 모델의 행동에 주의를 기울인다. 둘째, 관찰자는 모델의 행동을 기억한다. 셋째, 관찰자는 기억한 행동을 정확하게 수행한다. 넷째 관찰하고 수행하기 위해 '동기유발'이 되어야 한다.

● 주의 과정: 관찰학습에서 제일로 선행되어야 할 요소로서, 무엇보다도 먼저 모델에게 주의를 기울여야만 모델의 행동을 모방할 수 있는 것이다

● 파지 과정: 모델의 행동을 상징적인 형태로 기억 또는 파지하게 되며 이러한 상징적 과정을 자극 근접이라고 하고, 자극 근접은 동시에 발생되는 자극들 간의 연합으로 이루어지게 된다고 한다.

● 운동 재생 과정: 행동을 정확하게 재생하려면 필요한 운동기술을 구비해야 한다는 과정이다.

● 강화와 동기적 과정: 수행은 강화와 동기적 변수들에 의하여 좌우되며 모방은 외부나 내부에서 보상을 얻게 될 때 동기 유발이 된다.

07 각인 이론

1. 로렌츠의 각인이론

① 로렌츠(Konrad Lorenz)

로렌츠는 현대 동물행동학의 아버지이다. 동물행동 연구에 다윈의 진화론적 관점을 도입하여 독자적인 이론을 발전시켰으며 동물 연구의 방법으로 각인설을 주장하였다.

② 연구 방법

로렌츠는 자연관찰로써 동물의 고유한 행동 유형을 관찰하는 연구 방법을 통하여 그 종류의 고유한 행동 패턴을 알면, 이 행동이 그 종류의 고유한 적응 행동에 어떤 역할을 하는지도 알아낼 수 있다고 연구했다. 그의 동물행동연구에서 자연관찰법을 통해 발견되는 동물의 상대적 본능 행동 외에도 후천적·사회적 본능이 생의 초기에 획득된다는 사실에 관심을 가졌는데 이것이 로렌츠의 각인 현상이다.

③ 각인설

로렌츠의 고전적 연구에서는 새끼 오리가 부화하자마자 처음 본 움직이는 사물, 즉 어미를 따라다니는 것이 타고난 본성이라는 것을 입증했다. 각인의 결정적 시기는 동물에 따라 다른데 새끼 오리들은 그들 생의 초기에 로렌츠를 애착의 대상으로 삼았고 그래서 이 행동의 각인이 형성된 것이다.

2. 볼비(John Bowlby)의 애착이론

① 애착과 애착 기제

볼비(Bowlby, 1973)는 애착이란 모든 인간이나 유기체에 다양한 형태의 프로그램된 행동을 나타내는데, 유아는 태어나서 자신을 돌보는 사람, 특히 어머니와 강한 정서적 유대를 맺게 되는데 이것이 애착관계이다.

- 아기는 자기보호 필요에 의하여 부모라는 양육자와 가까이 있으려고 하는 몸짓과 미소짓기, 매달리기, 울기 등 선천적인 사회적 신호를 통해 '애착기제'를 발달시켰다고 본다.

② 애착의 단계

무분별한 반응성(0~3개월경): 출생 후 처음 몇 개월 동안 사람에 대한 반응은 다양하지만, 비 선택적이며 아기는 미소와 울음 외에도 붙잡는 행동으로 부모와 애착을 형성할 수 있다. 예 쥐기반사, 빨기반사. 수유행동 등

● 낯익은 사람에게 초점 맞추기(3~6개월): 이 단계에서 아기는 자기 요구에 잘 응해 주는 대상에게 강한 애착을 형성한다.

● 능동적 접근 추구(6개월~3세경): 7개월쯤 되면 능동적으로 애착 대상을 추적 한다. 이 시기에 아기의 애착은 더욱 강해지고 동시에 다른 대상에는 배타적이 된다.

● 동반자적 행동(3세~아동기 말): 3세 이후가 되면 어느 정도 부모의 계획을 이해하여 부모가 없는 동안에는 견뎌내며 부모가 자기 곁을 떠나는 것을 허용하게 되는 동반자의 관계로 행동하기 시작한다.

③ 각인과 애착의 관계

볼비는 동물의 각인과정을 인간의 초기에 형성되는 애착과 비교하여, 두 행동 간에는 동일한 기제가 존재한다. 각인이란 동물 새끼의 사회적 반응을 보일 대상을 학습하는 과정으로, 매우 느린 속도로 발달하지만, 인간의 아기도 유사한 과정을 보인다.

④ 각인 실패

볼비는 탄생 후 첫 3년이 사회정서발달의 민감한 시기라고 본다. 탁아소나 고아원 등 시설 수용 아동이 타인과 친밀하고 지속적 친밀관계를 형성하지 못하는 것은 마치 어떤 인물에 대한 각인의 기회가 없었기 때문이라는 것이다. 볼비는 수용 시설의 영향을 결정적 시기의 각인 실패로 설명하면서 만약, 이 기간 동안 친밀한 정서적 유대를 형성하지 못하면, 나중에 친밀한 인간관계를 형성하는 것이 거의 불가능하게 된다고 보는 것이다.

2-5 학습이론·각인이론: 예상 문제

01 다음 중 학습이론의 특성으로 옳은 것은?

① 인간발달은 '비연속적'으로 일어난다.
② 인간의 모든 행동 특성은 '갑자기' 일어난다.
③ 인간의 모든 행동은 '자극과 반응의 연합'이다.
④ 인간의 성상 발날은 '성해신 순서'에 따라 일어난다.

 ③

 학습이론에서 인간 발달은 연속적 과정이며, 개별 경험이나 훈련에 의해 점진적으로 형성된다.

02 다음 중 파블로프(Pavlov), 왓슨(Watson), 스키너(Skinner), 반두라(Bandura)에게 공통적으로 나타나는 발달이론은?

① 각인이론
② 애착이론
③ 학습이론
④ 인지발달이론

 ③

 인간의 발달은 연속적인 것으로 경험이나 훈련 등 학습에 의해 점진적으로 형성되는 것이라고 주장하는 이론들이다.

03 다음 중 학자들과 그들의 발달이론이 바르게 연결된 것은?

① 로렌츠—형식이론
② 스키너—각인이론
③ 반두라—조작적 조건형성
④ 파블로프—고전적 조건형성

정답 ④

해설 자극과 특정 반응을 유도해서 다른 자극을 결합시켜 반응을 조건화시키는 과정이다. 파블로프의 고전적 조건형성은 음식과 다른 자극을 연결시키면 개는 침을 흘린다. 음식을 개에게 줄 때마다 종을 울려서, 종소리만 울려도 침을 흘리도록 개의 반응을 조건화한 것이다. 로렌츠는 각인이론, 스키너는 조작적조건화이론, 반두라는 사회인지학습이론을 연구했다.

04 다음 중 파블로프의 '개의 침 분비 실험'을 통해 '고전적 조건형성이론'을 정립했는데, 이 실험에서 '무조건 자극'에 해당한 것은 무엇인가?

① 지렛대
② 아기상자
③ 음식물
④ 전등불

정답 ③

해설 개의 음식물은 조건형성이 되기 전에 개의 침 분비를 유발하였던 자극이므로 음식물을 무조건자극이다. 종소리는 조건형성의 과정을 거쳐서 개의 침을 분비하게 유발 시켰으므로 조건자극이라고 한다.

05 다음 중 아동이 잘못한 행동을 했을 때 바로 아동이 좋아하는 핸드폰을 못하게 제거하는 행동치료 방법은 무엇인가?

① 정적 강화
② 부적 강화
③ 정적 처벌
④ 부적 처벌

정답 ④

해설 부적 처벌이란 행동이 나타난 직후에 그 상황에서 즐거운 무엇을 빼앗거나 제거하는 것이다.

06 한 반응이 발생할 확률을 높여서 그 반응이 일어날 가능성을 높여주는 것을 무엇이라 하는가?

정답 강화

해설 강화란 조작적 조건 형성에서 한 반응이 발생할 확률을 높여서 그 반응이 일어날 가능성을 높여주는 것이다.

07 다음 [보기]와 관계가 깊은 학자는 누구인가?

관찰학습, 대리학습, 사회학습이론, 대리적 강화, 모델링

정답 반두라(Bandura)

해설 반두라(Bandura)는 사회학습이론은, 학습은 사회적 상황에서 타인들의 행동을 단순히 관찰하는 것만으로 도 학습할 수 있다고 주장한다.

08 다음의 [보기] ( )안에 들어 갈 학자는 누구인가?

( )는 현대 동물행동학의 아버지로 '자연 관찰법 연구'에서 생의 초기 행동을 결정하는 결정 적 시기에 형성된다. 후천적, 사회적 본능이 생의 초기에 획득된다는 사실에 근거하여 각인 이론을 연구했다.

정답 로렌츠(Lorenz)

해설 로렌츠(K. Lorenz)는 각인현상은 생의 초기에 어떤 행동을 결정하는 과민한 결정적 시기에 형성된다고 본 다. 현대 동물행동학의 아버지로서 '자연 관찰법 연구'를 통해 상대적 본능 행동 외에도 후천적, 사회적 본능 이 생의 초기에 획득된다는 사실에 근거하여 각인이론을 주장했다.

08 융의 성인기 이론

1. 융의 주요 개념

융은 인생 주기 전체를 통해 성격이 성숙에 이르며 그러한 성숙을 위한 근본적인 변화가 40세경에 시작된다고 본다. 융은 생애 발달 과정에서 중년기가 성격 발달의 정점이므로 이 시기를 정서적 위기를 수반하는 발달적 위기라고 하였다.

융의 주요 개념의 자아, 페르소나, 그림자, 아니마, 개인·집단무의식, 자기, 성격유형은 다음과 같다.

① 자아(Ego)

자아는 대체로 의식에 해당한다. 자아란 의식의 견해를 나타내므로 의식적인 지각, 기억, 사고, 감정이 자아를 이루게 된다. 자아는 의식이 개성화 과정에서 생기는 것이며, 개성화란 개인의 의식이 다른 사람으로부터 분리되는 과정을 말한다. 따라서 의식의 시작이 곧 개성화의 시작이며, 의식이 증가하면 개성화도 증가하게 된다.

② 페르소나(Persona)

페르소나는 개인이 외부 세계로 보이는 이미지로 자아의 가면이라 할 수 있다. 개인의 사회적 요구에 대한 반응으로 내보이는 사회적 모습이다. 즉, 사회의 기대치에 부응하는 개인의 역할을 말한다. 사회에 적응하기 위해서는 어느 정도 페르소나가 필요하나 개인이 사회적 역할에만 사로잡혀 자아와 페르소나가 동일시되면 내면세계로부터 유리될 위험이 있다.

③ 그림자(음영)

그림자란 의식의 이면으로 무시되고 도외시되는 마음의 측면이다. 그림자는 인간의 용납하기 어려운 특질과 감정으로 구성되어 있다. 인간이 사회생활을 무리 없이 하기 위해서는 음영에 포함되어 있는 동물적 본성을 자제해야 하므로 페르소나를 발달시키게 된다.

④ 아니마(Anima)와 아니무스(Animus)

융은 인간이 생물학·심리적으로도 양성의 기질을 가지고 있으나, 유전적인 성차와 사회화로 인해 남성에게는 여성적 측면이, 여성에게는 남성적 측면이 억압되고 약화된다고 본다. 무시된 측면들은 무의식 속에 존재하며, '남성 속의 여성', 즉 아니마(Anima), 여자에게는 '여성 속의 남성', 즉 아니무스(Animus)로 나타난다.

⑤ 개인 무의식

개인적 무의식은 살아온 과정에서 억압된 모든 성향과 감정을 포함한다. 개인 무의식은 꿈의 형성에 중요한 역할을 하며, 하나의 공통된 주제와 관련된 정서, 기억, 사고가 집합을 이루는 경우가 있는데 이것이 콤플렉스이다. 콤플렉스는 특수한 종류의 감정으로 이루어진 무의식 속의 관념 덩어리이다.

⑥ 집단 무의식

집단 무의식은 인류가 역사와 문화를 통해 공유해 온 모든 정신적 자료의 저장소이다. 우리의 행동에 영향을 미치는 수없이 많은 원형으로 구성되어 있으며, 문화, 신화, 민속, 예술 등 원형은 상징을 통해서 표현되는 보편적, 집단적, 선험적인 심상들로 신, 악마, 모성 등의 원초적 이미지들을 포함한다.

⑦ 자기

자기는 중심성, 전체성, 의미를 무의식적으로 추구하는 원형이다. 자기실현의 최종 단계인 '자기'는 의식과 무의식이 온전하게 통합된 것을 말하며, 우리의 의식을 일컫는 '자아'보다는 더욱 큰 개념이다. 융은 이것을 '자기 원형이라고 불렀다. 자기 원형은 중년이 될 때까지 퍼스낼리티가 개성화를 통해 충분히 발달해야 자기가 드러난다.

⑧ 성격 유형

인간 정신의 구조를 의식과 무의식으로 구분하는데, 의식은 자아(Ego)에 의해 인간이 자신을 외부에 표현하고 외부 현실을 인식하는 기능을 한다. 개인이 자신의 의식을 능동적으로 외적 세계에 초점을 맞추는 경향을 외향성, 내적 주관적 세계로 향하는 성향을 내향성이라 한다. 융은 우리 모두가 두 가지 상반되는 태도를 가지고 있으며, 하나의 지배적인 경향에 따라 우리의 성격 및 태도가 달라진다고 보았다.

2. 발달이론

① 생의 전반기

약 35~40세까지의 전반기에는 외적으로 팽창하는데, 성숙의 힘에 의하여 자아가 발달하며, 외부 세계에 대처하는 능력이 발휘된다. 이 때 외부 환경의 요구에 확고하고 단호히 대처하는 것이 과제이다.

② 중년기

40세경에 이르면, 정신적인 변환을 겪게 되는데, 억압되고 잊혀진 자기의 모든 무의식의 영역에 의해 내면으로 전환이 이루어진다. 성인이 자신의 생을 돌아보면서 무의식의 메시지에 유의할 때, 곧 완전성과 중심성의 상징인 자기의 이미지와 만나게 된다.

- 외부세계를 위해 바쳤던 힘을 내적인 자기에게 초점을 돌리도록 자극받고, 현재까지 발달하지 않고 방치한 잠재력에 대해 알기 위하여 주의를 기울이려는 내적인 충동을 느끼게 된다.

③ 노년기

내적 이미지가 전보다 더 큰 비중을 차지한다고 보았다.

내세에 대한 원형적 이미지가 타당한 것인지, 정신 기능의 중요한 개념을 경험적 자료를 바탕으로 연구한 것이다.

* 융의 연구는 이론 규명이나 실증적인 검증은 과학적으로 설명이 어렵다. 문화, 종교, 신화, 상징, 연금술, 신비 등과 관련된 다양한 경험적 자료를 활용하여 발달 연구에 힘쓴 대표적 학자이다.

1. 성숙주의 이론

게젤(1945)은 태아가 모체에서 하나의 개체로 자리 잡은 후 10개월 동안 외부로부터 환경의 영향 보다는 내적인 힘에 의해 성장한다는 발달의 예정론을 주장하였다. 게젤의 중요한 연구의 대부분은 이동의 초기 운동발달에 관한 것이었으며, 성숙이 성장의 모든 면을 좌우한다고 주장하였다.

① 발달과정의 방향을 통제하는 유전자의 기제에 대해 성숙이다. 성숙은 환경의 역할과는 구별되는데, 태내 발달에서 모체로부터 받는 산소, 체온 등의 내적인 환경의 요인들은 성숙 기제가 직접적으로 역할을 하기 때문이며, 선천적인 메커니즘으로 인해 유기체는 주어진 환경과 관계없이 발달한다는 것이 '게젤'의 이론이다.

② 성숙의 가장 큰 특징은 언제나 정해진 순서의 발달단계를 거친다. 예를 들면, 발달의 원리는 무작위가 아닌 정돈된 방식으로 진행되며, 가장 먼저 발달하는 기관은 심장이며, 심장이 먼저 생성·발달하고 기능한 후에 비로소 다른 세포들이 빠른 속도로 분화되어 두뇌와 척수 같은 중추신경계가 형성되고, 팔다리와 같은 다른 기관들이 발달하게 된다.

③ 성숙은 교육이나 연습의 효과와는 대조되는 것으로, 아동의 신경계가 충분히 성숙된 후에야 앉고, 걷고, 말하게 되는 것을 의미한다.

2. 발달의 원리

① 패턴

게젤은 성장을 연구할 때 패턴화 과정이 중요하다. 유아들을 관찰하고 실험할 때, 유아의 발달과 성숙에서 일정하게 나타나는 규칙성에 주목하여 유아가 각 연령 별로 무엇을 할 수 있는지 연구하였다. 연령 단계별로 유아의 특징과 능력에 대한 표준을 만들어 보편적인 아동 발달의 패턴을 제시하였다. 신생아는 '다리 부분보다 머리 부분'이 더 빨리 성숙하며, '팔의 협응이 다리의 협응에 선행'되는데, 이러한 경향을 '두미(Cephalocaudal)발달 경향' 이라고 한다.

② 개체성

정상적인 아동은 모두가 동일한 순서를 거치지만 그 성장속도는 서로 다르며, 성장속도는 기질이나 성격상의 차이에 따라 개인차의 관계가 있다.

③ 상호 교류

인간은 '두 반구로 된 뇌, 두 눈, 두 손, 두 다리' 등 양측으로 이루어져서, 양측의 발달이 점차 효과적으로 체계화되어 가는 과정을 상호 교류라고 한다.

④ 기능 비대칭

게젤의 발달이론은 가장 높은 단계에서 인간은 정면이 아니라 측면에서 가장 효과적으로 기능한다는 원리이다. 아기는 머리를 한쪽 방향으로 돌리고 눕기를 좋아하며, 자연히 머리가 돌려진 방향으로 한 팔을 내밀고, 다른 한 팔은 머리 뒤로 구부리는 경직성 목반사 자세가 손과 눈의 협응을 촉진시킨다고 보았다.

⑤ 자기 규제

모든 성장에는 자기 규제 원리가 있어서, 아동들에게 너무 일찍 많은 것을 가르치려는 시도에 대해 아동들이 저항할 때 작용한다. 자기 규제는 유동적인 성장 본질 특징이 있고 모든 발달은 안정과 불안정의 시기를 주기적으로 거치면서 아동의 과도한 성장을 방지한다.

* 게젤은 발달은 내적 계획을 따른다고 주장하며, 발달의 중요한 기제로 성숙을 강조하는데, 게젤의 성숙이론은 지나치게 극단적이거나, 연령 기준 방식 기준은 획일적이며, 어떤 연령에도 있을 수 있는 변이 정도를 제시하거나 적용하지 못한다는 비판도 있다.

10 몬테소리의 발달 이론

1. 몬테소리 교육

몬테소리(Montessori, 1907)는 자연주의자 루소의 영향을 받았으며 아동은 우리가 만들려고 하는 대로 만들어지는 것이 아니라 자신의 성숙적 자극을 통해서 발달이 이루어진다고 보았다.

아동이 2세가 지나면 몬테소리 학교에 들어갈 수 있고 6세까지의 아동들과 같은 교실에서 배우게 되는데, 몬테소리는 아동이 여러 연령층의 아동들과 어울리는 환경을 좋아한다는 것을 발견하였고, 이 기간 중에 아동은 이러한 능력들을 숙달시키는 데 전력을 다하게 된다(Crain, 2000).

2. 몬테소리의 교육의 철학

① 몬테소리의 교육 철학은 개인의 자발성과 자기 통제에 기반을 두는 것을 특징이 있다. 몬테소리 교구, 활동, 교육 방법들은 몬테소리가 어린이들이 스스로를 창조하는 것을 돕기 위해서 만든 것이다.

② 몬테소리 교육의 목표는 어린이들의 흥미와 발달을 존중하고 학습하고자 하는 자연스런 욕망을 길러 주는 것이다. 또한, 정상화와 일상생활 경험을 통한 미래의 준비 등도 주요 교육목표이다.

③ 몬테소리 교육은, 독립성과 집중, 자유선택, 보상과 벌, 점진적 준비를 통해 자율성과 자발성을 배울 수 있도록 하며, 자기 개발에 적합한 환경을 만들어 갈 수 있는 준비된 환경의 중요성을 강조하였다.

④ 일상생활 영역: 유아에게 기본적인 생활 태도의 습관화를 통하여 자립정신과 환경 청결 의식, 다른 사람들의 존엄성을 깨닫게 하여 교사와 유아 또는 유아 간의 신뢰감을 길러 준다,

⑤ 감각 영역: 유아가 자신의 모든 감각을 이용하여 미세한 감각적 차이를 인식할 수 있고, 세계에 대한 인상을 조직하고 질서화 시키는 데 있다.

⑥ 언어 영역: 언어 교육 영역 안에는 근육 조절을 발달시키고 쓰기 능력을 위한 직접적인 준비의 연습들이 포함되어 있다. 자발적인 쓰기와 읽기 능력의 향상과 말하기

의 소리에 강조점을 두었다.

⑦ 수 영역: 수학적 사고력을 배양하여 기초적인 수 개념을 획득하는 것이다. 즉, 다양한 교구를 반복하여 추상적인 수 개념을 학습하는 것이다

⑧ 문화 영역: 문화 교육의 목적은 인간이 과거와 현재에 살고 있는 방법을 이해하고 인간에게는 열정과 기본 욕구가 있음을 이해하고 사회적 태도 속에서 개인의 태도를 이해하는 데 있다.

3. 몬테소리의 교육의 발달이론

몬테소리는 유전적으로 계획된 기간인 민감기 아동들은 어떤 과제를 숙달하려고 노력하여, 숙달할 수 있게 된다는 '민감기 이론'을 연구했다.

① 질서에 대한 민감기(생후 3년)

이 시기에 아동들은 질서에 대해서 강한 욕구를 지닌다.

② 세부에 대한 민감기(1~2세)

작고 세밀한 것에 주의를 집중한다.

③ 양손 사용에 대한 민감기(18~3세)

세 번째 나타나는 민감기는 손의 사용에 관계된다.

④ 걷기에 대한 민감기(약1~2세)

이 시기는 무력한 존재에서 능동적인 존재로 바뀌는데, 몬테소리는 걷기를 배우는 일을 일종의 제2의 탄생이라고 한다.

⑤ 언어에 대한 민감기

언어습득에 관련되는 시기로 다른 민감기보다 뚜렷하다.

4. 몬테소리 이론의 비판

① 존 듀이(John Dewey)는 몬테소리의 교육 목표에 대부분 동의하나. 그 방법이 아동의 창의성을 제한시킬 가능성이 있다고 비판했다.

② 몬테소리 교육은 사물이 좋은 교사이고 교사와 다른 아동과의 상호작용은 별로 이루어지지 않는다. 즉, 몬테소리는 아동의 사회적이고 정서적인 생활을 도외시하고 인지발달만을 강조하여 비판을 받고 있다.

2-6 융·게젤·몬테소리: 예상 문제

01 다음 중 융의 성인기 이론의 주요 개념 중 '개인 무의식'과 관련이 있는 것은 무엇인가?

① 그림자
② 아니마
③ 아니무스
④ 원형

 ①

 음영(그림자)은 의식의 이면으로 무시되고 도외시되는 마음의 측면이며 개인 무의식과 관련 있다.

02 다음 중 융의 독창적 개념으로 인류가 보편적으로 공유하는 신화적이고 상징적인 것을 나타내는 개념은 무엇인가?

① 자기
② 집단 무의식
③ 페르소나
④ 개인 무의식

 ②

 집단 무의식은 융의 독창적 개념으로 인류가 보편적으로 공유하는 신화적이고 상징적인 것을 나타내는 개념이다.

03 [보기]의 내용이 설명하고 있는 융의 성인기 이론의 주요 개념은?

- 개인이 외계로 보이는 이미지이다.
- 자아의 가면이라 할 수 있다.

---

① 집단 무의식
② 음영 혹은 그림자
③ 페르소나
④ 자아

정답 ③

해설 페르소나(persona)는 개인이 외계로 보이는 이미지로서, 자아의 가면이라 할 수 있다. 사회의 기대치에 부응하는 개인의 역할을 말한다.

04 다음 중 융의 성인기 발달이론에서 말하는 '페르소나'는 무엇인가?

① 여성성 속의 남성성
② 자아의 어두운 면
③ 우리 자신이 용납하기 힘든 특징과 감정
④ 사회의 기대치에 부응하는 개인의 역할

정답 ④

해설 페르소나(persona)는 사회의 기대치에 부응하는 개인의 역할을 말한다. 개인이 외계로 보이는 이미지로서, 자아의 가면이라 할 수 있다.

05 다음 중 융의 성인기 발달이론 중 성격 구조를 이루고 있는 것과 다른 것은 무엇인가?

① 집단 무의식
② 개성
③ 음영
④ 자아

정답 ②

해설 융은 성격 기능의 다양한 체계에 관하여 성격이론을 발전시켰는데, 성격구조는 자아, 페르소나, 음영(그림자), 아니마와 아니무스, 개인 무의식, 집단 무의식, 자기로 이루어져 있다.

06 융의 성인기 이론 주요 개념 중 의식이 개성화 과정에서 생기는 것으로 본 것은?

정답 자아

해설 자아란 의식의 견해를 나타내므로 의식적인 지각, 기억, 사고, 감정이 자아를 이루게 된다.

07 아래 [보기]의 '게젤의 성숙이론'에서 설명하는 기제는 무엇인가?

> 출생 시 아기가 목표를 주목할 수 없어 두리번거리거나 눈 깜박거림 등 눈을 움직이는 작은
> 근육과 뇌에 있는 신경흥분 간의 관계로 곧 시선을 고정시켜 대상을 잠시 동안 응시할 수
> 있게 된다.

정답 패턴화

해설 게젤의 성숙이론은 발생학적 모델을 가장 철저하게 적용시킨 이론으로서, 가장 중요한 것은 패턴화 과정으로서, 행위들이 체계화된다고 본다. 게젤은 성장 연구에서 패턴을 조사해야 하며 패턴이란 뚜렷한 모양이나 형태를 갖고 있으며 '눈 깜박거림'과 같은 것이라고 했다.

08 아래 [보기] (   )에 알맞은 학자는 누구인가?

> (   )가 주장한 이론의 중심은 '민감기' 개념이다. 즉 유전적으로 계획된 기간인 '민감기'에
> 아동은 어떤 과제를 숙달하려고 노력하여 숙달할 수 있게 된다고 보았다.

정답 몬테소리

해설 몬테소리가 주장한 이론의 중심은 '민감기' 개념이다. 즉 유전적으로 계획된 기간인 민감기에 아동은 어떤 과제를 숙달하려고 노력하여 숙달할 수 있게 된다고 보았다. 아동들은 어른들과는 전혀 다르게 생각하고 배운다고 보았다.

CHAPTER

03

태아기의 발달

01 생명체의 형성과정

1. 수정 및 임신

인간의 생명은 모체에 잉태된 그 순간부터 사람으로 인정받는다. 태교사상은 태아를 잉태하기 전부터 임신을 위한 정성과 신체적 심리적 준비를 강조하며 어머니의 '모성'과 아버지의 '부성'도 중요시 하였다. 남자의 정자와 여자의 난자를 배우체, 이 두 배우체의 결합을 수정이라 하며, 성숙된 난자가 성숙된 정자와 결합하여 수정란이 되는 것을 임신이라 한다. 임신 3개월부터 본격적인 태교를 실시하는데 태중 태교 10개월이 출생 후 10년 교육보다 매우 중요하다고 본다.

제1단계 태아기는 '임신에 대한 준비, 태교를 하는 시기'로 나눈다.

① 여성의 생식기는 2개의 난소와 2개의 나팔관, 자궁으로 구성되어 있다. 난소는 난자를 저장하는 곳이며, 여성이 사춘기가 되어 월경을 하게 되면 호르몬이 난자의 성숙을 자극해 성숙된 난자가 월경이 끝나는 날 이후 하나씩 난소에서 배출되어 나팔관으로 이동한다. 난자가 나팔관을 통해 자궁으로 이동하는 기간은 '약 3일~7일'이다. 난소를 떠난 난자는 24시간 이내에 정자를 만나야 수정이 가능하다.

② 정자는 성교 시에 배출되며 1회의 배출량은 약 1~5억 마리 정도나 된다. 긴 꼬리가 달려있는 올챙이 모양으로서 유전적 정보는 머리 모양의 앞부분에 있다. 여성의 질 속에 들어간 수많은 정자 중에서 나팔관에 들어가게 되는 것은 500개 이하라고 한다. 이 중에서 하나의 정자만이 난자와 수정을 하게 되며, 일단 하나의 정자와 난자가 합해지면 난자의 표면이 변화되어 다른 정자가 들어오는 것을 막는다.

2. 유전인자(유전자)와 성의 결정

① 유전인자(유전자)

유전자는 DNA라는 유전 물질 속에 들어 있다. DNA는 바로 염색체 속에 들어 있는 물질이며, 염색체는 세포의 핵 속에 있다. 정자와 난자는 각각 23개의 염색체를 가진다. 수정란은 정자와 난자의 염색체를 합쳐 23쌍, 즉 46개의 염색체를 가진다. 이러한 23쌍의 염색체는 복사되어 새로 형성된 세포 각각에 전달된다. 염색체가 운반하는 유전자에는 신체 크기, 피부색 등을 결정하는 유전적 요소가 있어 그러한 부모의 특성이 자녀에게 그대로 전달된다.

② 유전적 잠재성

배합된 46개의 염색체

- 염색체는 발달상의 각 특성을 결정하는 유전자들이 특정 부위를 차지하며, 이를 '대립 유전자'라고 한다. 양쪽 부모에게서 같은 대립 유전자가 전달되면 이러한 대립 유전자의 결합 형태가 '동질 접합'이다. 서로 다른 대립 유전자가 전달될 수도 있는데, 이것이 '이질 접합'인 것이다.

- 예를 들어, 아버지와 어머니 모두 동일하게 갈색 눈의 대립 유전자가 자녀에게 전달되면, 이 대립 유전자의 결합은 '동질 접합'이 된다. 그러나 아버지에게서는 갈색 눈, 어머니에게서는 검은색의 대립 유전자가 전달되면, 이 경우 '이질 접합'이 되는 것이다. 동질 접합은 그 유전자의 특성이 그대로 자녀에게 나타나게 되며 자녀는 갈색 눈을 가지게 된다.

- '이질 접합'의 경우, 유전자가 우성이냐 열성이냐에 따라 나타나는 특성이 다르다. 만약 갈색이 우성인 경우 자녀는 갈색 눈을 가지게 되나 검은색이 우성인 경우는 자녀의 눈은 검은색이 된다. 양쪽 부모로부터 물려받은 대립 유전자의 결합 형태인 유전자의 특징을 유전자형이라고 하며, 나타난 유전적 특징은 표현형이라고 한다.

③ 태아의 성별

사람의 염색체 23쌍 중 22개는 모습이 똑같은 염색체가 쌍을 이루고 있지만, 마지막 23번 염색체는 남자는 XY, 여자는 XX로 모습이 다르며, 23번 염색체는 사람의 성을 결정하는 성염색체이다. 모든 난자는 X염색체만을 가진다. 그러나 정자는 X염색체를 가진 것도 있고 Y염색체를 가진 것도 있다. 만약 Y염색체를 가지는 정자가 난자와 수정이 이루어지면 이 수정란은 남아가 되지만, X염색체를 가지고 있는 정자와 난자가 수정이 이루어지면 여아가 출생하게 된다.

3. 모체의 변화

① 월경이 사라진다.

② 입덧이라고 하여 식욕이 없어지고 구토와 현기증이 난다.

③ 유선(젖샘)이 발달되고 유두와 그 둘레가 점점 검어지고, 임신 3~4개월쯤에 유두를 누르면 유즙이 나온다.

④ 자궁이 커져서 방광을 누르게 되어, 임신부가 소변을 자주 눈다.

⑤ 쉽게 피로를 느끼고 두통을 자주 앓게 되며, 신경통이나 치통, 유통을 느끼는 경우도 있다.

⑥ 임신 5~6개월이 되면 태동을 느낀다.

⑦ 임신 5개월 이상이 되면 복부가 커져서 타인들이 육안으로도 임신부를 식별할 수 있게 된다.

⑧ 임신을 하면 평소보다 분비물이 많아진다.

02 태아의 발달

1. 배란기

수정 후 약 2주까지를 배란기라고 한다. 수정란은 수정이 이루어진 직후부터 세포분열을 하기 시작한다. 이렇게 세포분열을 하면서 수정란은 나팔관을 지나 3, 4일 후에 자궁에 도착하며, 수정된 후 7일에서 14일 사이에 자궁벽에 착상하게 된다.

2. 배아기

① 수정 후 약 2주, 즉 배란이 자궁벽에 착상된 뒤 약 2~8주간을 배아기라고 한다. 이 기간은 짧지만, 신체의 각 부분의 약 95%가 형성되며 선천적 기형도 이 시기에 거의 이루어진다.

② 기관의 발달

배아세포 분열로 분비된 외배엽, 중배엽, 내배엽이 각 기관으로 발달한다.

- 외배엽: 피부의 표피, 손톱, 발톱, 뇌, 척추, 치아가 된다.
- 중배엽: 근육, 뼈, 혈관이 된다.
- 내배엽: 폐, 간, 소화기관이 된다.

③ 제일 먼저 순환계가 발달되며 35일경부터 소화기관이 분화되기 시작한다.

3. 태아기

태아기는 9주부터 출생까지의 시기를 말한다. 임신 2개월이 되면 사람의 형체를 갖추기 시작하며 이때부터 출산 전까지를 태아기라고 한다. 태아는 비교적 작은 구조, 즉, 손가락, 손톱, 눈꺼풀, 눈썹을 발달시키기 시작한다. 태아는 새로 만들어진 눈꺼풀을 닫고 눈이 기본적으로 완성되기까지 눈을 뜨지 않는다. 눈과 다른 신체구조는 이 기간 동안 성인과 비슷해진다. 유산이란 태아가 생존 가능한 시기 이전에 임신이 종결되는 것을 말하며 인공유산과 자연유산으로 분류된다.

03 출산의 과정

1. 출산 예정일

보통 출산 예정일은 마지막 월경 시작일로 계산한다. 수정부터 출산까지의 기간은 대개 266일로, 월경이 시작되고 2주일 정도 뒤에 수정이 이루어지기 때문에 마지막 월경이 시작된 날로부터 280일 뒤가 출산 에징일이다. 흔히 최종 월경 딜수에서 9를 더하면 출산 달이고 12보다 많을 경우는 3을 뺀다. 출산일은 최종 월경의 첫날에 7을 더해 계산한다. 출산 예정일을 알았다고 해도 이것이 실제 출산일이라고 볼 수는 없다. 대체로 초산부는 예정일보다 출산일이 늦는 경우가 많고, 출산 경험이 있는 경산부는 예정일보다 일찍 출산하는 경우도 있다.

2. 출산의 과정

① 이슬

출산 월이 가까워지면 임신부의 질내에서 분비물이 많이 나온다. 분비물에 혈액이 약간 섞이는데, 이것이 '이슬', 즉, '오로(惡露)'이다. 이슬은 강한 자궁 수축으로 인해 자궁 입구의 점액성 양막이 벗겨지면서 일어나는 현상이다. 이슬이 비친다면 출산을 위해 자궁이 열리기 시작했다는 것을 의미하며, 일반 출혈과 달리 혈액이 섞인 점액으로 끈적끈적해 쉽게 구별할 수 있다.

② 진통

출산 수일 전에 불 규칙적인 복통이 자주 오는데 이것이 '전진통'이다. 진통은 가벼운 생리통이나 요통처럼 시작되고, 처음에는 복부가 팽팽하게 늘어난 느낌이 들면서 허벅지가 땅기는 듯한 느낌이 든다. 진통은 시간이 지날수록 규칙적으로 반복되고 통증도 점점 강해진다.

③ 파수

자궁구가 전부 열린 다음 양막이 파열되면 양수가 나오는데, 이를 파수라고 한다. 대개는 진통이 시작되면 자궁구가 열린 다음 파수가 되며, 출산 예정일 전 아무 증상 없이 갑자기 파수가 될 수도 있다.

④ 개구기

자궁경부가 완전히 확장되는 시기로 규칙적인 자궁의 수축(진통)이 일어나는 단계이다. 진통이 시작되어 자궁구가 태아를 통과시킬 수 있을 만큼 열리는 시기가 '개구기'이다. 진통은 자궁 경부를 열기 위하여 규칙적으로 수축이 이루어지는 데서 오는 현상이다. 진통은 처음에는 20분, 30분으로 비교적 불규칙한 간격으로 짧게 오다가 개구기의 마지막 무렵에는 5분 또는 3분 간격으로 비교적 일정하고 강도가 심해진다. '개구기'는 자궁 경부가 완전히 열려 최대의 크기, 즉 약 10cm 정도가 되었을 때 끝나며, 대개 6시간에서 13시간이 걸린다. 근육 운동 이완을 통해 산모가 긴장을 푸는 것이 도움이 된다.

⑤ 만산기

만산기는 출산기 또는 배출기라고도 한다. 강한 진통은 산모가 태아를 자궁 밖으로 밀어내도록 힘을 주게 한다. 태아의 머리가 자궁의 입구에 도달하게 되면, 태아는 몸의 위치를 약간 바꾸어 어깨와 몸의 나머지 부분이 쉽게 자궁을 나올 수 있도록 한다. 이러한 태아와 산모의 노력에 의해 아기가 출생한다.

⑥ 후산기(산후기)

태아 출산 후 자궁은 급격히 수축되어 태반을 밀어 내 배출하는 단계이다. 태반과 양막이 자궁 속에서 배출되며 태반이 나오면 의사는 이를 철저히 검토한다. 자궁 속에 조금이라도 찌꺼기가 남는다면 모체에 감염이나 출혈 현상이 일어날 수 있다.

* 가족들은 산모에게 따뜻한 관심과 배려가 중요하며, 태교는 출생 후 아기의 인지, 정서, 사회성, 신체발달과 밀접한 관련이 있으므로, 그 중요성이 더 강조되고 있다.

03 태아기의 발달: 예상 문제

01 다음 중 남자의 정자와 여자의 난자가 결합하는 것을 무엇이라고 하는가?

① 염색체   ② 수정란
③ 수정   ④ 배우체

정답 ③

해설 남자의 정자와 여자의 난자를 배우체라고 하는데, 이 두 배우체의 결합을 수정이라 한다.

02 다음 중 임신과 관련된 설명으로 옳지 않은 것은?

① 난자가 정자와 결합하여 수정란이 되는 것을 임신이라 한다.
② 난소는 미성숙한 난자를 저장하는 곳이다.
③ 정자의 경우 유전적 정보는 꼬리 부분에 있다.
④ 난자는 난소를 떠나 약 24시간 이내 정자를 만나 수정이 이루어진다.

정답 ③

해설 정자는 올챙이 모양과 유사하며 유전적 정보는 머리 모양의 앞부분에 있다.

03 다음 중 유전인자(유전자)는 어디에 들어 있는 것인가?

① 아미노산   ② DNA
③ 지방   ④ 단백질

정답 ②

해설 유전인자(유전자)는 DNA라는 유전물질 속에 들어 있다. DNA는 염색체 속에 들어 있는 물질이며 염색체는 세포의 핵 속에 있다.

영아기의 발달

1. 신생아

영아(Infant)는 라틴어의 'In'과 'Fant'가 결합된 것으로 'Non Speaker'로 해석된다. 즉, 영아기는 말하지 못하는 시기를 의미한다. 인간의 전생애적인 관점에서 볼 때 이 시기의 발달은 매우 빠른 속도로 이루어진다. 신생이란 대아가 모체 밖으로 니와 탯줄이 끊어진 후부터 배꼽이 아무는 시기인 생후 약 2주간의 아기를 말하며, 신생아는 평균키가 약 50cm, 평균 몸무게가 약 3.4kg 정도 이다.

아기가 출생한 직후부터 사용하는 검사 중 하나는 아프가(Apgar) 척도(1953)이며 외모(피부색), 맥박(심장 박동), 표정(반사자극민감성), 활동성, 호흡(숨쉬기) 등 다섯 개의 하위 척도로 구성되어 있다.

● [표 4-1] 아프가 척도

	0점	1점	2점
외모(피부색)	몸 전체가 푸르거나 창백하다.	몸은 분홍색, 팔다리는 푸른색이다.	분홍색이다.
맥박(심장 박동)	없다.	느리다(100회 이하).	빠르다(100회 이상).
표정(자극 반응)	반응이 없다.	얼굴을 찡그린다.	재채기, 기침, 울음
활동성(근육)	축 늘어져 있다.	약하고, 비활동적이다.	강하고 활동적이다.
호흡(숨쉬기)	없다.	약하고 불규칙하다.	양호하다

(1) 신생아의 반사 작용

① 동공반사

시각 자극에 대해서는 불빛이 강할 때 동공을 축소하여 눈에 들어오는 양을 조절한다.

② 정향반사

어떤 자극에 대해서도 어떤 형태로든지 반사적인 반응을 하는 것을 말한다.

③ 탐지반사

신생아는 배가 고플 때 안아 주면 입을 벌리고 좌우로 두리번거리며 무엇인가 찾는 듯한 시늉을 한다.

④ 빨기반사(흡인반사)

배고픈 영아의 입가에 무엇인가 닿으면 입에 물고 빠는 반응을 보인다.

⑤ 쥐기반사(악반사)

신생아의 손에 무엇을 쥐어 주면 빼어 내기가 대단히 힘들 정도로 강하게 움켜쥔다.

⑥ 모로반사

신생아를 톡 건드리거나 자극적인 소리를 갑자기 들려주면 아기는 깜짝 놀라 팔다리를 벌렸다 다시 오므리는 반사이다.

⑦ 바빈스키반사

신생아의 발바닥을 살살 긁어주면 발가락을 폈다가 다시 오므리곤 하는 반사로서 생후 4~6개월이면 사라진다.

⑧ 괄약근 반사

신생아는 결장이나 방광이 충만 되면 반사적으로 괄약근이 이완되어 배설작용이 저절로 이루어진다.

(2) 신생아의 신체 기능

① 호흡

신생아의 첫 울음은 아기가 전혀 해 보지 않은 첫 호흡을 의미한다. 호흡은 1분에 35~45회 정도이며, 불규칙 복식 호흡을 한다.

② 소화와 배설

신생아 산모의 젖은 신생아가 태어나 1~2일 뒤에 나오기 시작하며, 초유에는 각종 영양소와 감염에 대한 저항을 길러주는 요소가 들어 있다. 신생아가 처음 보는 변을 태변이라고 하며, 태어나서 약 8~24시간이 지 난 후에 태변을 보며 끈적끈적하고 냄새가 없으며 암녹색이나 암갈색이다.

③ 체온 조절

신생아의 체온도 급격히 떨어지지만, 8시간 이내에 다시 정상으로 돌아온다. 그러나 체온 조절 체계는 비교적 불안정하므로 신생아에게는 옷이나 담요 또는 전열기 등이 필요하다.

④ 맥박

신생아는 출생 당시 120~140회 가량의 맥박이 뛰며 4~5일이 지나면 117회 정도로 줄어든다.

⑤ 신생아는 머리둘레가 전 신장의 약 1/4에 해당되며, 평균 머리둘레가 가슴둘레보다 크다.

(3) 감각의 발달

① 시각

출생 직후의 신생아는 신경 근육의 기능이 완전하지 못하며 하루가 지나 눈꺼풀과 안구가 움직인다. 한 물체에 시선을 고정하거나 초점을 맞추지 못하다가 '36시간'이 지나면 아기는 동공 반응을 할 수 있다. 신생아는 빨강, 초록, 노랑, 파란색을 구별하며, 특히 파란색과 초록색을 더 오랫동안 응시한다고 연구된다. 출생 초기 아기의 눈은 양쪽의 협응이 되지 않아 '사팔뜨기' 같지만, 생후 1개월 이후부터 사라진다.

② 청각

신생아의 청각은 출생 이전부터 작용한다. 출생 직후의 신생아는 귓속에 점액이 차 있어 소리에 대해 별로 반응을 보이지 않다가 3, 4일이 지나면 소리에 대해 조금씩 반응을 보이기 시작한다.

③ 후각

생후 1일이 지나면 젖 냄새와 다른 냄새를 구별한다. 인생 초기에 발달하여 나이가 많아짐에 따라서 떨어지게 된다.

④ 촉각

촉각에 의지하여 주위 환경을 인지하며, 온도에 대해서 감각이 예민하며 실내온도가 내려가면 신체 운동을 더 많이 한다.

⑤ 통각

신생아는 통각에 둔한 편인데, 소화기에서 오는 통증에는 심하게 운다. 신생아는 입술, 이마 등에 통증을 느끼며, 몸통이나 팔, 다리 등은 성인에 비해 아픔을 덜 느낀다고 한다.

2. 영아기 운동 능력의 발달

(1) 대근육 운동과 소근육 운동

① 대근육 운동

출생 시 신생아는 고개도 못 가누지만, 출생 후 6주경에는 엎드린 자세에서 턱을 들고, 2개월경에는 가슴을 든다. 5-6개월경에는 뒤집기를 할 수 있으며, 7개월경에는 혼자 앉는다. 11개월경에는 물건을 잡고 혼자 설수 있고 12개월경에는 혼자 걸을 수 있다. 18~24개월에는 달리기, 계단 오르내리기, 공차기 등을 할 수 있다.

② 소근육 운동

신생아는 잡기 반사 능력이 있지만 이를 통제하는 능력은 없다. 6개월이 되면 매달려 있는 물체를 팔을 뻗어 잡을 수 있고, 8~9개월경에는 자기 앞으로 던져 준 물체를 잡으려고 하지만 놓치고 생후 1년이 지나서야 제대로 잡을 수 있다.

(2) 조작 기능의 발달

① 손 운동, 팔 운동 및 시각 능력의 발달과 함께 조작 기능이 발달된다.

② 조작 기능의 발달은 지적 활동과 밀접한 관계를 갖게 되며 신체 각 부분의 발달 및 감각의 발달과도 깊은 관련성을 갖는다.

③ 영아의 손 조작 기능이 발달하는 과정

- 생후 4개월경: 손을 뻗쳐 물건에 손을 대려고 한다.
- 생후 5개월경: 물건을 겨우 초보적으로 움켜잡는 형태가 나타날 뿐이다.
- 생후 6개월경: 물건을 움켜쥘 수 있다.
- 생후 7~8개월경: 손으로 쥘 수 있다.
- 생후 9개월경: 손으로 힘 있게 쥘 수 있고 물건을 잡을 수 있다.
- 생후 12~14개월경: 두세 손가락을 사용하여 손가락 끝으로 정확히 물건을 잡을 수 있다.

④ 영아의 놀이 활동: 놀이를 통해 운동기능을 익히고, 주위의 사물에 대한 기능도 실험할 수 있게 되며, 문제 해결 방법도 배우게 된다.

(3) 생리적 습관의 발달

① 수면 습관

영아가 성숙함에 따라 수면·각성 주기는, 낮에 깨어 있고 밤에 자는 형태로 발전한다. 첫 한 달 동안 영아는 하루의 대부분 잠을 자며, 생의 어느 시기보다 렘(REM)수면이 많다. 영아가 성숙함에 따라 렘(REM)수면 주기의 양이 감소하고 수면 요구량이 줄어든다.

② 섭식 습관

5~6개월경이 되면 젖니가 생기므로 6개월~1년 사이에 이유를 한다.

③ 대·소변 가리기

대·소변 가리기 훈련은 전적으로 영아의 발달 상태가 준비되었을 때 하는 것이 바람직하다. 배변훈련은 12개월경 시작하여 18개월 정도, 소변은 16~18개월에 시작하여 24개월 정도에 완성된다.

1. 언어 발달의 과정

영아의 언어 발달은 생후 1년간의 발성 단계와 1~2세간의 초기 언어 단계의 두 과정을 거친다.

(1) 발성의 단계

① 언어발달의 첫 단계는 울음이다. 울음은 아기가 자신의 욕구를 표현할 수 있는 가장 강력한 의사소통 수단이라 할 수 있다.

② 생후 2개월쯤 젖을 먹고 난 뒤, 장난감을 쳐다볼 때와 같이 즐거울 때 목을 울려 소리를 낮게 내게 되는데, 이를 쿠잉(Cooing)이라고 한다.

③ 옹알이: 생후 약 2개월 말에서 8, 9개월경까지 옹알이를 하며, 놀이 활동의 한 형태로 옹알이를 하지만 언어 발달의 기초를 형성하게 된다.

④ 유사음의 발음: 생후 6~8개월경에는 영아가 유사한 발음을 할 수 있게 된다(예 아빠를 바바, 엄마를 마마).

⑤ 성인음의 모방과 이해: 생후 약 10개월경의 영아는 자기의 목소리와 타인의 목소리를 식별할 수 있다.

(2) 초기 언어의 단계

① 미분화 단일 단어

생후 1년이 지나면서 영아는 처음으로 유의미한 단어를 말할 수 있게 되며 다소 미분화된 단일 단어이다.

② 전문식 언어(Telegraphic Speech)

2세경에는 둘 이상의 단어, 즉, 엄마 아탕', '맘마 많이' 등과 같은 단순한 단어들의 조합을 한다.

③ 영아기 언어의 특성

반복, 독백의 자기중심적 언어, 사회화된 언어는 적응적 정보와 비판, 명령, 질문, 대답 등을 포함한다.

2. 인지의 발달

(1) 인지

인지란 감각적으로 흡수한 자료를 해석하고 기억해 두었다가 필요시 인출·재생하여 환경에 대한 지식과 생각을 획득해 가는 과정이다.

(2) 영아의 초기 인지과정

① 정향반응(지향반응)

갑자기 나타나는 자극 방향으로 향하는 행동으로 개체의 생존과 번식, 적응영향에 징량적으로 관련이 있다.

② 주의 집중

한 개 이상의 여러 자극이 있을 때 어떤 한 개의 자극이나 더러 두 개의 자극에 대해 선택적으로 초점을 맞추는 것을 의미한다.

③ 습관화

정향반응이 굳어져서 나타나는 것이다. 자극이 계속적이거나 반복될 때는 습관화가 이루어진다.

④ 조건화

영아는 자라면서 많은 것을 학습하게 된다. 영아의 행동에는 목적성이 없는 행동이 많지만 어떤 특정 행동은 어떤 목적을 달성하는 것과 부합되기 때문에 도구적이라고 하며, 영아는 우는 행동을 계속 학습하여 반복하게 된다.

⑤ 문제해결력

영아의 문제해결은 초보적이지만, 초기형태의 시행착오, 통찰, 가설 검증에 의해 이루어진다. 문제해결이라는 목적에 도달하기 위해 장애물을 극복하는 것이므로 학습으로 볼 수 있다.

⑥ 추리와 기억

추리는 기존의 정보에서 법칙을 찾아내어 그 법칙에 의거하여 새로운 정보를 끌어내는 것이다.

03 정서 및 사회성의 발달

1. 정서의 분화

(1) 정서의 이해

사람이 마음에 일어나는 여러 가지 감정이 정서이다. 생후 6개월경이면 엄마의 감정에 따른 얼굴표정을 구분하기 시작, 생후 8개월~10개월경이면 다른 사람의 정서를 자신의 행동의 길잡이로 삼는 사회적 참조가 나타나며, 생후 1년이 되면 타인의 정서를 인식하고 정서를 자신의 행동에 반영한다.

① 첫돌이 지나면서 언어발달로 인해 아동은 이제 단순히 얼굴표정이나 울음으로써 자신의 정서를 언어로 나타낼 수 있게 된다.

② 정서 지능은 일반 지능에 대비되는 말로서 감정과 느낌을 통제하고 조정할 줄 아는 능력이다. '살로베이와 메이어(Salovey & Mayer)'에 의하면 정서지능이란, 사회 지능의 하위 요소로서, 자신과 타인의 감정과 정서를 평가하고 표현하는 능력, 자신과 타인의 감정을 효과적으로 조절하는 능력, 자신의 삶을 계획하고 성취하기 위해서 정서를 활용하는 능력이다. '골만(Goleman) 살로베이와 메이어'는 정서 지능의 개념을 기초로 정서 지능을 자기인식, 자기조절, 자기동기화, 감정이입 및 대인관계기술의 5영역으로 나누고 있다.

③ 정서의 분화

브리지(Bridge)에 의하면 인간의 정서분화는 영아기에 이루어지며, 대체로 불쾌의 정서가 빨리 분화되며, 2세 말에는 성인에게 나타나는 모든 정서가 나타난다고 연구했다.

(2) 자아의식의 발달

① 신체적인 자기의식

타인과 구별되는 자아는 약 2~5세경에 눈 뜨기 시작하여 자신을 긍정적 및 부정적 태도를 형성하기 시작한다. 약 2세경이 되면 자신만의 별도 신체를 가진 독립체라는 사실을 의식하게 된다.

② 자율감

영아는 대소변을 통제하는 훈련을 받게 되는데 이 대소변 가리기 훈련이 곧 '자율감을 획득'시켜 준다.

2. 애착행동

(1) 애착의 개념

사람과 사람을 연결하는 시간과 공간을 넘어선 깊고 지속적인 유대감으로서 볼비(Bowlby)에 의하면 애착이란 영아와 특정 개인 사이에 형성되는 긍정적·정서적 유대감이라고 했다.

① 출생 초부터 영아는 울음이나 미소, 옹알이를 통해 다른 사람과 접근과 접촉을 촉진하며, 애착이 형성되기 전 애착의 '전조행동'이라고 본다.

② 영아의 애착행동

영아는 6~8개월경이면 선택적 애착을 갖게 되는데, 애착의 대상은 주로 양육자이며 애착의 정도는 1세 전후에 절정에 달하다가 1년 반이 되면 여러 사람에게 분산된다.

(2) 애착의 유형

낯선 환경실험(에인스워즈, 1969)에서 엄마와 격리되었을 때의 영아의 반응을 토대로 애착의 질을 안정애착과 불안애착으로 불안애착은 불안-저항애착으로 나뉜다.

① 안정애착

안정애착을 형성한 영아는 낯선 상황에서 엄마와의 격리에 대해 불안감을 나타냈으나, 엄마와 재결합이 되었을 때는 엄마를 반갑게 맞이하고, 접촉을 유지하며 엄마에 의해 안정이 되었다.

② 불안-저항애착

엄마와 격리되기 전부터 불안해하고, 엄마 옆에 붙어 낯선 상황을 탐색하려 하지 않는다. 엄마가 낯선 상황을 나가자 심하게 불안을 보였다. 엄마가 돌아오자 접촉을 하려는 시도는 하였으나, 안아 주어도 엄마로부터 쉽게 안정감을 찾지 못하고 밀쳐 내는 행동을 보였다.

③ 불안-회피애착

낯선 상황에서 엄마가 방을 나가도 울지 않고 엄마가 돌아와도 접근이나 접촉 시도를 하지 않고 무시하거나 회피하였다. 엄마와 친밀감을 추구하지 않고 낯선 이에게도 비슷한 반응을 보였다.

④ 애착형성의 요인

애착형성은 주 양육자가 영아에게 자극을 주고 반응을 하는 애정의 질과 양에 좌우된다.

⑤ 낯가림과 격리불안

생후 5~8개월경이 되면 낯선 이들에게 당황하거나 피하는 등 낯가림을 보인다. 낯가림은 1세경에 절정에 이르렀다가 점차 감소되어 간다. 낯선 사람이라도 잘 해주면 공포반응은 줄어든다.

04

영아기의 발달장애

1. 지적 지체

지적 지체란 지적 발달이 평균 이하의 수준에 머물러 있어 적응 행동을 제대로 나타내지 못하는 상태를 말한다.

① 지적 지체의 원인

지적 지체 중 약 15~30%는 생물학적인 불구, 약 65~75%는 뚜렷한 생물학적 이상은 없지만, 가계의 한쪽 부모 편에 이상이 있기 때문이다.

② 다운증후군(Down's syndrome)

선천적·생물학적인 장애로 IQ 60 이하이며, 연로한 어머니에게서 태어난 영아에게서 많이 발생한다. 증상은 넓고 납작한 코, 달걀 모양의 튀어나온 작은 눈, 짧고 넓은 네모진 모양의 손과 발 등이다.

2. 자폐증

자폐증이란, 이는 다른 사람들과 관계를 맺고 유지하는 일에 어려움을 갖는 것을 의미한다. 인구 10,000명당 약 1~3명 발생하는 자폐증은 자기 자신에 비정상적으로 몰입한 상태를 말하는 용어이다.

① 자폐증의 원인

자폐증은 뇌의 발달장애로 인한 질병이다. 유전, 출생 전후의 감염이나 환경적 독소, 자궁 내에서 발달하는 동안 또는 초기 영아기 동안에 일어나는 뇌 손상 또는 뇌 이상 때문이라고 알려져 있다.

② 자폐증의 증상

사회적 고립은 자폐증의 특징적 증상이다. 자폐아동은 정신지체를 동반하며 인지적 문제로 사회적 이해나 언어에 대한 능력은 떨어지지만 숨은그림찾기와 같은 감각운동능력은 상대적으로 높다.

③ 언어적 결함

자폐아동의 절반 이상이 전혀 말을 하지 못하고, 나머지는 말을 더듬거리거나 비명을 지르거나 다른 사람의 말을 그대로 따라 하는 '방향어'를 보이기도 한다.

④ 행동장애

같은 움직임을 아무런 목적 없이 의식적으로 반복하는 경향이 있다(예를 들면, 빙글빙글 돌기, 손을 퍼덕거리기, 까치발로 걷기 등).

* 이 시기 영아를 위한 프로그램은 영아의 발달적 특성에 맞게 이루어져야 한다. 오감(五感)을 활용할 수 있는 학습을 통해 스스로 탐색할 수 있는 기회를 제공해야 한다.

04 영아기의 발달: 예상 문제

01 다음 중 신생아시기로 가장 옳은 것은?

① 출생 후 약 1주까지
② 출생 후 약 2주까지
③ 출생 후 약 6개월
④ 출생 후 약 1세까지

정답 ②

해설 신생아란 태아가 모체 밖으로 나와 탯줄이 끊어진 후부터 배꼽이 아무는 시기인 생후 약 2주간의 아기를 말하며, '신생아'라고 한다.

02 다음 중 신생아의 평균 신장과 체중으로 가장 가까운 것은?

① 50cm, 3.4kg
② 50cm, 5.0kg
③ 70cm, 3.4kg
④ 70cm, 5.0kg

정답 ①

해설 신생아 : 평균 신장이 약 50cm, 체중은 약 3.4kg인데, 대체로 남아가 여아보다 크다.

03 다음 중 아기의 출생 직후 검사하는 아프가 척도의 구성 요소가 아닌 것은?

① 외모
② 맥박
③ 표정
④ 신장

정답 ④

해설 아프가 척도의 요소 중 외모(피부색), 맥박(심장 박동), 표정(자극 반응), 활동성(근육), 호흡(숨쉬기)이다.

04 다음 중 아기의 발바닥을 간질이면 성인과 달리 부채살 모양으로 발가락을 폈다가 오므리는 반사로 옳은 것은?

① 정향반사
② 파악반사
③ 바빈스키반사
④ 모로반사

정답 ③

해설 바빈스키반사는 신생아의 발바닥을 살살 긁어주면 발가락을 폈다가 다시 오므리는 반사로, 생후 4~6개월이면 사라진다.

05 다음 중 영아의 운동발달 기제로 가장 알맞은 것은?

① 본능과 경험   ② 모방과 반사

③ 상상과 창안   ④ 분화와 통합

정답 ④

해설 영아의 운동 발달은 일반적으로 중추신경 및 골격, 근육의 성숙 과정으로 이루어진다. 운동발달은 전체적이고 통합적인 움직임이 미세하고 세련되며 기능적인 행동 분화의 과정, 통합의 과정의 두 기제로 진행된다.

06 신생아가 배가 고플 때 안아주면 입을 벌리고 좌우로 두리번거리며 무엇인가 찾는 듯한 시늉을 하는 반사 작용은?

정답 탐지반사

해설 탐지반사 : 신생아는 배가 고플 때 안아주면 입을 벌리고 좌우로 두리번거리며 무엇인가 찾는 듯한 시늉을 한다.

07 '탁 치거나' 자극적인 소리를 들려주면 깜짝 놀라 팔다리를 벌렸다 다시 오므리는 '신생아의 반사 작용'은 무엇인가?

정답 모로반사

해설 모로반사는 신생아를 탁 치거나 자극적인 소리를 갑자기 들려주면 아기는 깜짝 놀라 팔다리를 벌렸다 다시 오므린다.

08 영아가 갑자기 강한 소리가 나거나 어떤 새로운 자극이 일어나면 그 방향으로 고개를 돌려 새로운 광경을 보려고 하는 행동을 무엇이라 하는가?

정답 정향반응

해설 '정향반응'은 갑자기 나타나는 자극 방향으로 향하는 행동이다. 영아의 주변에서 다른 자극이 약할 때 갑자기 강한 소리가 나거나 어떤 새로운 자극이 일어나면 그 방향으로 고개를 돌려서 새로운 광경을 보려고 하는 행동을 '정향반응' 또는 '지향반응'이라고 볼 수 있다.

05

유아기의 발달

01 신체 및 운동의 발달

1. 신장과 체중의 발달

'세 살 버릇 여든까지 간다'라는 속담이 있다. 어릴 적 몸에 밴 습관은 늙어서도 고치기 힘들다는 의미이다. 유아기는 만 3세부터 취학 전 신체, 인지, 언어, 정서적으로 많은 빌딜이 이루어지는 시기이다.

① 신장

영아기는 제1성장 급등기이며, 만 3세에서 만5세의 유아기에 이르러서는 그 성장 속도가 다소 감소되며 급속한 성장기이다.

② 체중

유아기에는 체중의 발달도 신장의 크기와 비례한다. 약 2세경에는 출생 시 몸무게의 3.7배로, 만 5세경은 출생 시 몸무게의 약 5.5배인 약 17.5kg 몸무게로 증가한다.

2. 운동 발달

(1) 걷기

1세 이후에 걸을 수 있게 되며, 3~4세가 되면 미끄럼틀에 올라가 미끄러져 내려올 수도 있다.

(2) 균형 잡기와 기어오르기

① 균형 잡기

이 시기 아동은 자기 몸의 균형을 잡을 수 있다. 유아기에는 균형 잡기를 할 수 있으며 몸의 균형 잡기는 대체로 남아가 여아보다 약간 빠른 편이다.

② 기어오르기

4~5세경이 되면 어른들처럼 두 발을 교대하여 계단을 오를 수 있다.

③ 세련된 동작

유아기에 획득된 운동기능이나 근육의 협응은 6~7세 이후에 정교화 된다. 남아는 운동 발달이 더 세련된 동작을 한다.

④ 자조기능(自助技能)

유아기는 여러 가지 자조기능이 발달한다. 약 2세가 되면 혼자서 먹을 수 있고, 3세 경에는 숟가락과 젓가락을 효율적으로 사용할 수 있으며, 4세경 옷을 입을 수 있고, 5~6세는 혼자서 옷을 입고 단추를 채우고, 지퍼를 열고 닫을 수 있다.

02 언어 및 인지의 발달

1. 언어 발달

(1) 단어와 문장의 발달

유아의 언어 사용이나 이해가 증가하고 3세경에는 2~4개의 단어로 된 문장을 사용하고, 4세경에는 3~7개의 단어로 된 문장을 사용하며 언어를 구사할 수 있다.

① 유아기의 어휘수

대체로 능동적 어휘수가 수동적 어휘수보다 적다.

* 능동적 어휘: 유아가 자발적으로 실제에 사용하는 어휘

* 수동적 어휘: 알고는 있으나 실제에는 별로 사용하지 않는 어휘

② 구체적 의미의 어휘

유아는 추상적 의미의 어휘보다는 구체적 의미를 지닌 어휘를 빨리 획득하고 더 많이 사용한다.

(2) 문법의 발달

초기에는 전문식 문장의 형태를 유지하는 특성을 나타내다가 점차 주어, 동사, 목적어 이외의 문장 요소들을 사용한다. 유아의 언어는 조사, 동사, 어미를 완벽하게 구사하지는 못하고 과잉 일반화, 부정문 등을 많이 사용하는 특징을 나타낸다.

(3) 의사소통기술의 발달

유아기 사고는 자기중심성으로 언어는 독백, 집단 고백 등 자기중심적 특성을 나타낸다. 유아기 말 사회화된 언어를 사용하며, 사회화된 언어란 듣는 사람의 관점을 고려해서 사용하는 언어 형태를 의미한다.

2. 언어 획득의 이론

(1) 스키너 등 행동주의학자의 학습이론

언어란 다른 모든 행동과 마찬가지로 강화에 의하여 학습되는 행동이다.

(2) 반두라의 관찰과 모방학습

아동의 학습은 모델 행동을 관찰하고, 관찰한 행동의 가치를 인정하여 모델의 행동을 모방하는 것이다

(3) 촘스키의 언어발달이론

언어 발달에 있어서 모방과 강화의 영향이 중요하다. 인간은 고유한 자기 언어를 학습하는데 있어서 생래적인 언어습득장치를 사용하는데, 이는 언어자료를 처리하고 가공하며, 규칙을 구축하고 문법적 문장을 이해하게 된다.

3. 인지발달

(1) 기억발달

① 피아제와 인헬더(Piaget & Inhelder)

아동의 기억이 단계를 다루는 능력과 더불어 발달, 기억의 변형에 있어 발달 차원의 측면을 강조했다.

② 기억발달에 관한 연구

- 피아제 학파와 같이 기억을 지각, 심상(心象)등과 같이 지능 속에 통합된 것으로 보는 인지 발달적 입장이 있다.
- 행동주의학파의 정보처리 이론과 같이 정보의 투입, 저장, 인출과정에서 일어나는 능동적·즉각적인 추론 및 재구성을 강조하는 입장이다.

③ 기억을 위한 전략

- 무의미한 철자보다는 유의미한 철자가 더 오래 기억된다.
- 단순한 유의미의 단어보다는 단어끼리의 결합으로 이루어진 구(句)나 절(節)이 보다 오래 기억되며 문장화된 것이 더 오래 더 쉽게 기억된다.

(2) 지각의 발달

① 유아의 연령이 증가함에 따라 약 4~10세에는 어느 특정자극에 대해 선택적 주의가 급속히 발달되는 시기이다.

② 유아의 지각 발달은 자극의 특징과 동기 그리고 성격 요인에도 영향을 받는다.

③ 유아의 지각 발달은 언어 발달과 지각적 변별에 도움이 된다. 특정자극에 선택적으로 주의를 집중할 뿐 아니라, 특정의 어느 대상에 보다 장시간 주의 집중 할 수 있다.

3. 변별력의 발달

유아는 성장함에 따라 여러 대상들을 식별할 수 있는 변별력을 발달시킨다. 사과와 배는 서로 다르지만, 과일이란 개념에 속한다는 것이 곧 변별이다. 유아가 이러한 개념들을 식별하여 적절하게 반응하는 것을 배우는 것을 변별학습이라 한다. 변별학습은 한 가지 속성, 특징보다, 두 가지 이상 속성이나 특성을 기준으로 삼을 때 변별능력이 더 발달된다.

4. 보존과 수 개념의 발달

(1) 보존개념

피아제에 의하면 보존성 개념은 만 7세가 되어서야 획득된다. 피아제의 실험에 의하면 용량이 같은 A, B의 물을 깊고 좁은 그릇과 얕고 넓은 그릇에 담았을 때 보존개념을 획득하지 못한 시기의 유아들은 깊고 좁은 그릇의 물이 더 많다고 대답한다.

(2) 수 개념의 발달

피아제는 논리의 발달이 수의 성립과 병행하는 것으로 보았다. 3~4세 유아는 길이나 밀도 등 정확한 수 개념을 획득하지 못했으나, 4세에서 5세경에는 직관적인 판단과 일대일 대응을 할 수 있었다.

(3) 인과관계 이해의 발달

피아제는 유아의 인과관계에 관한 연구를 통하여 유아 사고의 주관적 특징을 발견하였다.

① 현상론적 인과관계

유아는 시간적으로 동시에 발생되는 두 사건 간에는 특수한 인과관계가 있다고 믿는다(어른의 미신으로 발전되는 경향).

② 물활론(物活論)적사고

유아는 생명이 없는 사물도 살아있다고 믿는다.

③ 목적론적 인과개념

유아는 왜(Why)라는 질문을 자주 한다.

03 정서 발달

1. 정서 발달의 일반적 경향

① 경험 및 환경의 영향

분노, 공포, 환희 등의 정서는 환경과 밀접한 관계를 가지고 발달된다.

② 성숙과 학습의 영향

정서는 성숙 요인과도 밀접한 관계를 지니고 발달되며, 학습 결과에 따라 어떤 대상에 느끼는 반응이 달라진다.

③ 표현 행동의 발달

연령의 증가에 따라 유아의 정서 표현이 더욱 분명해진다. 언어와 행동의 공격성을 감소시켜 나간다.

2. 유아기의 정서의 특징

① 공포

3세부터 시각적인 것에 공포를 느끼며, 4~6세경에 악몽을 꾸며, 낮에는 무의식 속에 억압되어 있다가 밤에 꿈으로 나타나기도 한다. 6세경의 공포심은 상상력 발달, 관찰학습, 경험 세계의 확장 등에 기인한다.

② 울음

정서반응으로 신체적 상태를 표현하는 수단이며, 심리적 상태를 나타내는 수단이다.

③ 분노

원하는 것을 가질 수 없거나, 요구를 거절당할 때, 저항하는 정서이다. 떼쓰기에서 5세경에는 공격적 언어로 분노를 표현한다.

④ 질투

1세 반쯤 질투를 나타내며, 3~4세경에 질투가 가장 심하다. 이때는 동생이 생기게 되고, 자기주장이 강하게 되는 시기이다.

⑤ 기쁨과 애정

유아는 기쁨이 웃음이나 동작으로 표현되며 3세경에는 언어발달과 함께 기쁨이 언어로 표현된다. 애정과도 밀접히 관계된다.

04 성격과 사회적 행동의 발달

1. 자아의 발달

(1) 개체화와 신체적 자기의식

유아기 자아의 발달로 자신의 신체적 특성, 성격, 감정 등에 대한 이해를 형성하고 확장하며 주변의 사회적 환경과 상호작용을 통해 형성된다.

① 개체화는 약 2세경에 시작되며, 유아의 개체화를 뒷받침하는 것은 두 가지 능력의 발달로 조작 능력의 발달과, 자아가 발달한 결과이다.

② 이런 시기에 유아는 자신이 독립된 신체를 가진 사실을 의식하게 되며 자기 몸을 자신이 통제한다는 것을 알게 된다.

(2) 자율감의 발달

1~3세경의 유아는 배변훈련을 받으면서 자기를 통제·조절하는 것을 배운다. 이러한 자조기능의 발달은 곧 자율감을 성취, 발달로 유아는 더욱 자기주장을 내세운다.('나', '내 거', '안 해', '싫어' 등)

(3) 성취감의 발달

3~5세경 유아는 자기 몸과 주변의 환경을 능숙하게 조절할 수 있을 때 성취감을 맛본다. 나무토막 쌓기 등 놀이를 즐긴다.

(4) 자존감(自尊感)의 발달

자존감은 자신이 하는 일의 성공을 예견하고 자기에게 가치를 부여하려는 것이다. 성취감, 유능감으로 발달된다.

(5) 자아개념의 발달

자신이 자기를 어떻게 생각하고 받아들이는가! 자아개념과 자아의 발달은 전적으로 부모의 양육 태도에 달려 있다.

2. 양심의 발달

(1) 양심 및 초자아

유아기에 초보적인 양심, 초자아가 나타나기 시작한다. 부모를 동일시하는 과정에서 내면화하면서 초자아를 발달시킨다. 특정 행동을 금지하는 경험으로 학습된 양심의 싹은 2세경에 나타난다.

(2) 도덕적 규칙과 사회적 규칙

유아기는 전 인습기인 동시에 성인의 기대에 적합 하려는 시기로, 도덕적 규칙과 사회적 규칙을 구별해 낸다.

3. 규칙 행동

(1) 놀이 이론

① 정신분석학에서의 놀이

유아의 소원을 충족시키는 역할을 한다. 놀이란, 아동의 성장 욕구로 원하는 것을 반복적으로 표현하는 것이다.

② 에릭슨

놀이는 주된 자아 기능의 한가지이며, 놀이를 통해 자신의 내적 세계를 외적 세계에 관련시켜 조직화한다.

③ 피아제

인지이론에서의 놀이는 때로 의식화되기도 하고 조절보다는 동화가 주된 기제를 이루며 노는 방식이 그의 발달 수준에 따라 다르다.

④ 학습이론에서의 놀이

놀이도 학습된 행동으로 본다. 강화를 받은 놀이는 더 강하게 나타나고, 강화 받지 못한 놀이는 점차 줄어든다.

⑤ 로웬펠트(Lowenfeld)

유아 아동의 놀이는 생활 전체와 관련된 자발적 활동으로 다른 목적을 수반하는 수단이 아닌 그 자체가 목적이 된다.

(2) 놀이 발달 단계와 종류

파튼과 뉴홀(Parten & Newhall)은 「취학 전 아동의 사회적 행동」에서 6단계의 놀이로 발달된다.

① 보는 행동

영아의 놀이 형태이다.

② 혼자 놀이

2~3세의 유아들에게 많이 관찰되는 놀이이다.

③ 방관자적 행동

다른 아이들이 노는 것을 구경하는 행동이다.

④ 나란히 놀이(병행놀이)

같은 공간에서 서로 간에 참견이나 교섭이 없으면서도 가끔 서로 쳐다보고 흉내도 내지만 간섭도 교섭도 없다.

⑤ 연합놀이

놀이에서 리더가 없다(예를 들면, 어울려 놀면서 서로에게 관심을 가지고 대화를 나누지만 목표를 가지고 역할을 나누거나 조직적 전개까지는 진행이 어려운 상태이다).

⑥ 협동놀이

한 두 명의 놀이지도자, 규칙에 따라 각자의 역할이 정해지는 조직적인 놀이이다. 4~6세 유아들의 협력관계에서 이루어진다.

(3) 격렬한 놀이 및 조용한 놀이

두 가지 놀이, 즉, 격렬한 몸짓을 보이는 놀이와 그냥 앉아서 노는 놀이로 구분된다.

① 핑거 페인팅

유아 초기에는 아직 손가락을 사용이 미숙하므로 손가락만의 사용보다는 손바닥 전체의 사용으로 놀이한다.

② 그리기

유아는 자신의 원망을 표출하고 억제된 감정을 해소시키며, 사고와 언어가 촉진되기도 한다.

1. 사회화 인자

(1) 부모 및 가족

① 부모

부모와 자녀의 관계는 유아기 전후 그의 지적·도덕적·정서적·사회적 발달에 중요하다. 부모는 사회화에 큰 영향을 미친다.

● 바움린드(Baumrind)는 부모의 양육 유형을 네 가지로 설명한다.

📍 표) 부모의 유형과 아동의 사회적 행동(바움린드, 1991)

부모의 양육 유형	특성	아동의 사회적 행동
권위있는 부모	애정적·반응적이고 자녀와 항상 대화를 갖는다. 자녀의 독립심을 격려하고 훈육 시 논리적 설명을 이용한다.	책임감, 자신감, 사회성이 높다
권위주의적 부모	엄격한 통제와 설정해 놓은 규칙을 따르도록 강요한다. 훈육 시 체벌을 사용하고 논리적 설명을 하지 않는다.	비효율적 대인관계, 사회성부족, 의존적, 복종적, 반항적성격
허용적 부모	애정적·반응적이나 자녀에 대한 통제가 거의 없다. 일관성 없는 훈육	자신감이 있고 적응을 잘하는 편이나, 규율을 무시하고 제멋대로 행동한다.
무관심한 부모	애정이 없고 냉담하며, 엄격하지도 않고 무관심하다.	독립심이 없고 자기 통제력이 부족하다. 문제행동을 많이 보인다.

● 바움린드(Baumrind)는 부모의 애정과 통제라는 두 차원에서, '애정' 차원은 부모가 자녀를 사랑하고 지지하며, 관심을 가지고 있는가! '통제' 차원은 자녀에게 성숙한 행동을 요구하고 행동을 통제하는가! 이다.

② 조부모세대

미드(M. Mead)는 문화의 전승에 있어서 3세대(三世代)가 각자의 위치에서 조부모는 중요한 관계라고 인정하고 있다.

③ 형제·자매

형제·자매는 부모-자녀 관계에 비해 교류가 원활하며 보다 평등한 관계이다. 형제 자매의 구성이나 터울보다는 어머니의 양육 방식이나 유아의 성격에 더 많은 영향을 받는다.

(2) 또래의 영향

또래는 사회성의 발달, 또래의 인정감, 사회적 관계 형성, 자기주장이나 자신감, 리더십 등 인지적인 세계도 확장시켜 간다.

2. 사회화 기제

(1) 상과 벌

상과 벌을 통하여, 인사하기, 바른 생활습관, 자조기능(自助技能), 지적 활동이나 창의적 놀이에 상과 벌로 성취감을 고무한다.

(2) 동일시

부모, 교사, 또래 지도자를 유아가 동일시하여 감정·가치·태도·성격특성·행동을 모방하다가 무의식적으로 수용하며 내면화한다.

1. 언어 장애

(1) 조음 장애

혀, 이, 입술, 구개, 턱 등의 조음기관에 대한 장애로 어음의 생략, 대치, 첨가, 왜곡으로 틀리게 발음되는 언어 장애를 말한다.

(2) 언어 발달 지체

어떤 특정 연령에서 기대되는 이해력이나 표현력에서 정상적 언어 발달 수준에 미치지 못하는 경우를 말한다. 언어 발달 지체는 선천성 난청, 청력 손실, 지능장애, 뇌성마비 등이다.

(3) 말더듬이

어떤 소리나 음절을 반복하여 말의 유창성을 방해하는 상태를 말한다. 유아는 놀라움, 긴장감, 공포심, 말을 더듬지 않으려고 의식할 때, 상대주의를 끌기 위한 경우 말 더듬는 장애를 보일 수 있다.

2. 습관 장애

① 유아기에 습관 형성이 미완성되거나 동생이 생기면서 퇴행 행동이 나타나기도 하며, 습관 장애(손가락 빨기, 오줌 싸기, 식사 거부 등)

② 습관 장애에는 육아 담당자의 인내와 치료 기술이 요구되기 때문에 전문가와의 상담이 필요하다.

05 유아기의 발달: 예상 문제

01 다음 중 3세 어린이가 '싫어', '안 해', '아니야' 등의 부정 표현을 많이 하는 현상은 어느 것과 관련이 깊은가?

① 고립감
② 자율감
③ 불신감
④ 절망감

 정답 ②

해설 자조기능의 발달은 자율감을 성취 발달시키는 것이 되어 유아는 더욱 자기주장을 내세우는 '나', '내 꺼', '안 해', '싫어' 등의 언어를 자주 사용한다.

02 다음 중 자신이 하는 일의 성공을 예견하고 자기에게 가치를 부여하려는 유아의 자아 발달 유형은?

① 개체화
② 자존감
③ 사회화
④ 표현감

 정답 ②

해설 자존감은 자신이 하는 일의 성공을 예견하고 자기에게 가치를 부여하려는 것으로 성취감을 느끼고 자기가 유능하고 능숙하게 무엇을 해낼 수 있다는 데서 발달 된다.

03 다음 중 강화를 받은 놀이는 더 빈번히 더 강하게 나타나며, 강화 받지 못한 놀이는 점차 줄어들어 소멸하게 될 것이라는 견해를 가진 발달 이론은?

① 각인이론
② 학습이론
③ 인지이론
④ 정신분석학

정답 ②

해설 학습이론에서는 놀이도 학습된 행동으로 본다. 강화를 받은 놀이는 더 빈번히 그리고 더 강하게 나타나며, 강화 받지 못한 놀이는 점차 줄어들어 소멸하게 될 것이라는 견해이다.

04 다음 중 '파튼과 뉴홀의 놀이 발달 단계에서 가장 뒤에 최종적으로 오는 놀이 단계'는 무엇인가?

① 방관자적 행동
② 나란히 놀이
③ 연합놀이
④ 협동놀이

정답 ④

해설 놀이의 발달단계는 보는 행동→ 혼자 놀이 → 방관자적 행동 → 나란히 놀이 → 연합놀이 → 협동놀이

05 다음 중 유아기 발달과업으로 거리가 먼 것은 무엇인가?

① 인지 및 자기의식의 발달
② 다양한 자조기능의 습득
③ 완벽한 보존개념 습득
④ 언어 발달

정답 ③

해설 피아제에 의하면 보존개념은 만 7세가 되어서야 획득된다고 했다.

06 다음 중 유아가 많이 사용하는 언어 특징으로 옳지 않은 것은?

① 추상적 어휘
② 과잉일반화 언어
③ 자기중심적 언어
④ 부정의 표현

정답 ①

해설 유아는 추상적 의미의 어휘보다는 구체적 의미를 지닌 어휘를 빨리 획득하고 더 많이 사용한다.

07 다음 중 촘스키(Chomsky)가 가장 관심을 갖고 있는 대표적인 연구영역으로 알맞은 것은?

① 도덕성발달
② 언어발달
③ 운동발달
④ 성격발달

정답 ②

해설 촘스키에 의하면 인간은 고유한 자기 언어를 학습하는 데 있어서 생래적인 언어 습득 장치(LAD)를 사용한다. 이것은 신체 속의 장기로서 존재하는 것이 아니라 기능으로서 존재한다고 보며, 언어 자료를 처리하고 가공하며, 규칙을 구축하고 문법적 문장을 이해하게 된다.

08 인간은 생래적인 언어습득장치(LAD)를 사용하여 고유한 자기언어를 학습한다고 주장한 학자는 누구인가?

정답 **촘스키**

해설 촘스키에 의하면 인간은 고유한 자기 언어를 학습하는 데 있어서 생래적인 언어 습득 장치(LAD)를 사용한다. 신체 속의 장기로서 존재하는 것이 아니라 기능으로서 존재한다. 언어 자료를 처리하고 가공하며, 규칙을 구축하고 문법적 문장을 이해하게 된다.

09 다음의 [보기]와 같은 특징을 갖는 시기는 언제인가?

> – 몸의 균형을 잡을 수 있고, 여러 자조기능을 발달시킨다.
> – 출생 시 몸무게의 약 5.5배 정도 되며, 걸음걸이에 균형이 잡히고, 걷는 속도도 빨라진다.

정답 유아기

해설 유아기에는 체중의 발달도 신장의 크기와 비례한다. 몸무게의 3.7배, 만 5세경이 되면 출생 시 몸무게의 약 5.5배가 된다. 몸의 균형을 잡을 수 있고, 자조기능을 발달시킨다.

10 다음 (　)에 알맞은 학자는 누구인가?

> (　)는 '문화의 전승에 있어서 3세대 모두 중요하다고 보고, 유아 아동의 사회화 인자로서 조부모 세대를 강조한 학자'이다.

정답 미드

해설 미드(M. Mead)는 문화의 전승에 있어서 양성 3세대가 각자의 위치에서 중요한 구실을 한다고 인정하면서, 어느 한 세대의 한 성(性)이 부재할 경우 문화의 전승에는 왜곡이나 결손이 생긴다고 보았다. 조부모세대는 대리 부모로서 손자녀와 대단히 밀착된 관계를 형성한다.

06

아동기의 발달

1. 아동기 개념

만 6세~12세까지 초등학교에 다니는 시기를 아동기(Later Childhood)라고 한다. 프로이트의 잠복기에 해당하며, 가정보다 학교생활이 중요한 역할을 하며, 아동 스스로 지적·정서적·사회적 발달을 도모해 간다. 부모나 가족보다 또래와 사회의 영향을 더 받기 때문에 학동기, 도당기(Gang Age) 즉, 다그치거나 서둘러 당기는 시기, 또래 시대라고 한다.

2. 신장과 체중의 발달

(1) 신장

아동기의 신체적 성장률은 영아기나 청년기처럼 급속하지 않으나, 전체적인 모습이 성인과 유사해진다. 몸통이나 팔, 다리가 가늘어지고, 가슴은 넓어지며, 머리 크기는 자신의 키 1/7~1/8 정도로 성인의 모습과 비슷해진다.

(2) 체중 및 체격

신장과 체중은 유아기에 비해 크게 증가한다. 어깨가 넓어지고, 팔다리도 길고 가늘어지면서 유아기보다 신체가 훨씬 가늘어진 모습이 된다. 아동기는 근육이 성장하는 신체에 적응하느라 근육이 당기는 듯한 느낌의 통증을 경험하게 되는데, 이것을 '성장통(growing pains)'이라 한다. 성장기 아동의 10~20%가 성장통을 경험한다(Sheiman & Slomin, 1988).

체격에서도 신체 각 부위의 비율이 달라지는데, 이런 변화는 아동기부터 나타나기 시작하지만, 머리와 전신의 비율을 보면 아직도 머리의 비율이 큰 편이며, 머리둘레도 성인 머리둘레의 95%까지 커진다.

3. 운동 기능의 발달

(1) 아동기에는 획득된 운동 기술이나 근육들의 협응이, 보다 정교화 되고 세련화되며 뛰기

능력과 공놀이에서의 기능이 크게 발달된다.

(2) 운동 발달의 근거가 되는 조건

① 5세에서 7세 사이에 중추신경 및 대뇌의 발달이 이루어지게 되는데, 이와 함께 지각이나 운동발달이 보다 세련되고 정교화된다.

② 반응에 소요되는 동작시간과 결정시간이 모두 신속해진다.

1. 지능과 지능검사

(1) 종합적 능력

지능이란 말은 라틴어 "~중에서 선택하다"라는 말에서 나왔다. 지능이 높다고 반드시 창의적은 것은 아니지만, 지능을 현명한 선택을 하는 능력이라고 정의하기도 한다.

① 스펜서(Spencer)

19세기에 지능이란 말을 처음으로 심리학에 도입했다. 지능을 "여러 가지 다른 인상을 종합하는 능력이며, 사람의 적응능력은 지능에 기인한다."고 정의했다.

② 스텐버그(sternberg, 1986)

스텐버그의 '삼원이론'에 의하면, 지능은 세 가지 요소 즉, 구성적 지능, 경험적 지능, 상황적 지능으로 구성되어 있다고 한다.

③ 비네(Binet) & 시몬(Simon)

지능이란 옳게 판단하고, 이해하고, 추리하는 것을 본질로 하는 활동이며, 이 밖에 환경에 적응하는 능력, 자기판단의 힘과 같은 기본적 능력"으로 정의했다.

④ 웩슬러(Wechsler, 1939)

지능을 "합목적적으로 행동하고 또 그렇게 사고하며, 환경을 효과적으로 처리하는 개인의 종합적·총체적 능력"이라고 정의했다.

⑤ 피아제(Piaget)

지능을 "환경을 극복하고 사고와 행동을 조직하는 능력"이라고 정의했다.

(2) 요인설

① 다요인설

서스턴(Thurstone)은 지능은 공간요인, 수요인, 언어이해요인, 언어 유창요인, 지각속도요인, 기억요인, 귀납요인 및 연역요인으로 구성되어 있다고 보면서 이들 요인을 기본 정신능력으로 분석했다.

② 2요인설

스피어만(Spearman)은 지능이란 두 요인으로 되어 있다고 보았다. 즉, 지능에는 일반요인(G 요인)과 특수요인(S 요인)이 있다.

(3) 지능구조론

길포드(Guilford)는 지능을 내용, 조작, 산출의 3차원적 작용으로 보았다.

① 내용 차원

도형적인 것, 상징적인 것, 언어적인 것, 행동적인 것이 있다.

② 조작의 차원

인지, 기억, 확산적 생산, 수렴적 생산, 평가가 있다.

③ 생산의 차원

단위라는 지식, 정보의 형태와 부류라는 어떤 공통적인 특징을 지닌 변환이라는 지식, 정보를 다른 모양으로 표현하는 것, 어떤 지식이나 정보가 함축하고 있는 뜻이 있다.

2. 지능검사

(1) 비네(Binet)검사

비네(Binet)와 시몬(Simon)은 지진아와 정상아의 구별을 위해 지능검사를 제작했다. 아동이 풀 수 있는 문제의 수로써 지적 발달의 수준인 정신연령(MA)을 계산하였다. 이때 한 아동이 6세용 문제 여섯 개를 다 풀 수 있으면 그의 정신연령은 6세이다. 만약 이 아동 중 7세용 문제 여섯 개 중 두 개를 더 풀 수 있었다면 그의 정신연령은 6세 4개월이라고 보았다.

(2) 스탠포드-비네(Stanford-Binet)검사

① 터만(Terman, 1916)이 개발한 스탠포드-비네 지능검사는 비네 검사의 결함을 보완한 것으로 생활연령(CA)에 비교한 정신연령의 개념을 표시하였다.

② 아동의 지적 발달 수준을 기술하려면 정신연령을 실제 나이인 생활연령과 비교하여 표시할 수 있어야 한다고 생각하고 1912년 슈테른(Stern)은 생활연령대 정신 연령의 비율을 공식화하여(IQ = $100 \times$ MA(정신연령)/CA(생활연령) 개념화하였는데 현재까지 널리 보급된 지능의 개념이다. IQ는 지능지수(Intelligence Quotient)의 약자이다.

③ 터만(Terman)1916년 스탠포드－비네 지능검사에 슈테른의 공식을 적용하였다. 4세 2개월 된 생활연령의 아동이 5세의 정신연령으로 판명되었다면 그의 IQ는 60개월/50개월× 100=120이다.

(3) 웩슬러(Wechsler) 지능검사

웩슬러 지능검사(WISC)는 능력척도로서 곤란도가 서로 다른 문제들로 구성된 검사를 모든 연령의 피검사자에게 실시한 후 그들의 득점으로써 지능 수준을 평가하도록 한 것이다. 1939년 제작해 유아용, 아동용, 성인용 지능검사가 있다.

(4) 아동용 카우프만 검사

카우프만 검사는 2세에서 12세 아동을 대상으로 하는 검사로서 동시적 처리, 계열적 처리와 성취 등 세 가지를 측정한다.

① 동시적 처리검사

아동이 서로 다른 정보들을 동시에 얼마나 잘 처리하는지를 측정하는 것이다.

② 계열적 처리검사

시간이 지남에 따라 정보를 얼마나 잘 통합하는지를 측정한다.

③ 성취검사

표현 어휘, 수리, 읽기 등의 과제로 이루어져 있다.

3. 인지 양식

(1) 인지 양식의 개념

① 클라인(Klein)

인지에 있어서 인지 통제 원칙을 인지 양식이라고 하며, 이것은 인간의 인지 행동을 결정하는 데 중요한 작용을 한다.

② 캐건, 모스와 시겔(Kagan, Moss & Sigel)

인지 양식을 "외계 환경에 대한 지각 조직과 개념적 범주화 방식에 의한 개인의 선호"로 정의했다.

(2) 장(場) 의존성과 장(場) 독립성

① 장 독립성

한 개인이 환경에 대처하는 방법에 있어서 자기 자신의 내적 단서에 의존하는 것이다.

② 장 의존성

외적 요인에 의거하여 판단하고 행동할 때 이다.

(3) 충동성과 사려성

① 충동성

한 개인이 그가 대처해야 할 문제에 대해 가능한 방법들을 탐색할 때 사건의 정보나 자료를 근거로 하지 않고 문제가 제시되는 즉시 그 문제에 반응하여 해결하려는 성향이다.

② 사려성

문제를 해결하고자 할 때 여러 대안을 탐색하고 여러 측면에서 검토하여 적절한 답을 구하려는 성향이다. 정보를 느리게 처리하지만 과제 수행에서 실수가 적다는 장점이 있다.

4. 지각과 기억의 발달

(1) 아동기는 여러 가지 탐색 전략을 사용할 줄 안다. 특정 문항을 찾아내는 탐지 능력이 발달되면서 신속·정확하게 탐색 전략을 활용할 수 있게 된다.

(2) 아동기에는 논리적 방식으로 지각 정보를 구성해 나갈 수 있다.

(3) 아동기에 피아제가 말한 지각의 탈 중심화가 나타난다. 그래서 동시에 여러 특징이나 여러 측면을 고려하는 다면적 사고가 가능해진다.

5. 언어 발달

(1) 아동기에는 언어가 현저히 발달된다. 6세경에 이미 언어의 기본적 구문 구조를 이해하며, 어휘, 구문적 불규칙성도 이해하고 언어의미에서도 발달이 현저히 나타난다. 어휘력이 급속히 발달함에 따라 어휘의 양도 풍부해지고, 전치사의 사용 능력도 10세경에는 거의 완성된다.

(2) 아동기에는 어의적 이해와 이에 관련된 지식이 증가되어 단어사용을 결정하는 구문적 법칙에 대한 이해력이 증가된다(촘스키).

(3) 아동기에는 특히 '대상 참조적 의사소통 기능'이 발달된다. 즉 대화하는 상대방의 연령, 성별, 이해 정도, 사고방식 등과 같은 것을 어렴풋이나마 더듬어 알게 되고, 이런 여건에 맞도록 자기 언어를 선택·조절해서 구상할 수 있게 되는데, 이를 '대상 참조적 의사소통 기능'이라고 한다.

6. 유목화 및 서열화 능력의 발달

아동이 약 7세가 되면 단순한 유목화와 서열화의 능력을 보인다.

(1) 유목화

여러 사물이 지닌 공통의 특성에 기준해서 분류하여 한 가지 사물이 한 가지 유목에 소속되도록 하는 것이다.

(2) 서열화

① 의의

어떤 특정의 속성이나 특징에 기준하여 서로간의 양립이 불가능한 유목으로 나누면서 동시에 상호관계에 따라 사물들을 잘 어울리게 배열하는 것이다.

② 서열화의 종류

● 단순서열화: 한 가지 속성에 기준하여 두 대상씩을 비교하며 순서대로 배열한다.

● 중다 서열화: 두 가지 속성을 동시에 고려하면서 순서대로 배열한다.

● 변환적 추론: 두세 가지 사물간의 관계를 이해하며, 그것의 관계를 기준하여 순서대로 배열한다(예 A<B, B<C라면, A<C라는 서열관계를 추론하는 능력).

7. 기억과 보존개념

(1) 정보의 입력과 조직화

① 아동은 우연적·우발적인 정보보다는 의도적으로 학습한 정보를 잘 기억한다. 학습한 정보 내용을 의미 있게 분류하거나 군집화할 수 있게 되면 더 많은 것을 기억하며, 연령 증가에 따라 재생하는 것도 증가한다.

② 기억의 중요한 전략

- 조직화: 일정한 단위로 나누어 외우려는 전략이다. 즉, 123234345456 일련의 숫자를 123/234/345/456씩 세 숫자씩 단위지어 외우는 것이다.

- 암송: 기억해야 할 자료를 받고 외우는 것인데 자발적으로 외우려는 경향이 연령의 증가에 비례하여 증가된다.

- 연상 또는 정교화: 암기할 정보들을 상호 관련해 정교화시켜 외우는 것이다. 즉, 의자, 아이, 인형이란 낱말을 외울 때 의자에 앉은 아이가 인형을 갖고 논다'는 식으로 문장화하여 기억하는 것이다.

(2) 인출

① 털빙(Tulving)의 이론

- 인출이란 학습기간 중에 있었던 인지적 환경과 관계된다.

- 아동의 인출력을 평가하는 세 가지 기억조건으로 자유회상, 단서회상, 지시적 단서 회상을 제시하였다.

- 연령이 어릴수록 그의 인지 환경을 재구성. 재조직할 능력이 부족하다.

② 피아제와 인헬더의 이론

기억된 정보는 그대로 인출되는 것이 아니라 기억창고에서 정보를 인출하는 과정에서 변형이 이루어질 수 있다.

기억 자료의 변형은 기억창고에 저장되기 전이 아닌 저장된 후에 조직화된다.

(3) 보존개념

① 보존개념의 발달 단계

- 첫 번째 단계: 보존개념이 전혀 획득되지 않는 단계로서, 전개념기이다.

- 두 번째 단계: 전개념기에서 구체적 조작기에 이르는 과도기에 나타나는데, 대략 6세경으로서 매우 짧고 불안정한 연령 시기이다.

- 마지막 단계: 모든 물체는 그 속성과는 상관없이 지각적 변형에 영향을 받지 않는다는 것을 이해하는 단계로 주로 구체적 조작기이다(완전한 보존개념 획득).

② 피아제의 수평적 격차

양의 보존개념은 6~7세경에 이루어지고, 무게의 보존개념은 8~10세경 그리고 부피의 보존개념은 11~12세경에 이해된다. 여러 보존개념을 이해하기 위해서는 동일 능력이 요구되지만 각 개념들 자체는 곤란도에 따라 차이가 난다고 보는 것이다.

6-1 아동기의 발달: 예상 문제

01 다음 중 '아동기'에 대한 설명으로 알맞은 것은?

① 애정과 낭만의 시대
② 격동과 갈등의 시대
③ 또래 시대
④ 밀고 낭기는 시대

정답 ③

해설 만 6세~12세까지를 아동기라고 한다. 흔히 학동기라고 부르기도 하는 이 시기에는 가정보다 더 확대된 세계에서 부모나 가족보다 또래와 사회의 영향을 더 받기 때문에 또래 시대라고 한다.

02 다음 중 지능이라는 말을 처음으로 심리학에 도입, 사람의 적응 능력은 지능에 기인한다고 본 학자는 누구인가?

① 웩슬러(Wechsler)
② 터먼(Terman)
③ 스펜서(Spencer)
④ 길포드(Guilford)

정답 ③

해설 19세기 스펜서(Spencer)는 지능이란 말을 처음으로 심리학에 도입했다. 그는 지능이란 여러 가지 다른 인상을 종합하는 능력으로 보면서 사람의 적응 능력은 지능에 기인한다고 했다.

03 다음 중 지능에 관한 이론가의 주장과 이론가가 맞게 연결되지 않은 것은?

① 지능 구조론―터먼(Terman)
② 2요인설―스피어만(Spearman)
③ 다요인설―서스턴(Thurstone)
④ 종합적 능력―스펜서 (Spencer)

정답 ①

해설 터먼(Terman)은 스탠포드–비네(Standford–Binet)검사라는 지능검사를 제작하였다.

04 다음 중 '스펜서(Spencer), 비네(Binet), 터먼(Terman), 웩슬러(Wechsler), 서스턴(Thurstone)' 등의 학자들이 공통으로 관심을 가진 발달 영역은?

① 운동
② 신체
③ 정서
④ 지능

정답 ④

해설 스펜서, 비네, 터먼, 웩슬러, 서스턴은 지능검사를 연구한 학자이다. 19세기에 스펜서는 지능이란 말을 처음으로 심리학에 도입했다. 비네와 시몬은 지진아를 판별하는 검사를 만들었고, 터먼은 스탠포드-비네 검사라는 지능검사를 제작했다. 서스턴은 개인의 태도와 지능의 측정에 관심을 가졌고, 1944년 웩슬러는 성인용 지능검사를 개발했다.

05 다음 중 지능이 공간요인, 수요인, 언어이해요인, 언어 유창성요인, 지각속도요인, 기억요인, 귀납요인, 연역요인 등으로 구성되었다고 본 학자는 누구인가?

① 길포드(Guilford)
② 서스턴(Thurstone)
③ 터먼(Terman)
④ 스펜서(Spencer)

정답 ②

해설 다요인설의 대표자는 서스턴이다. 그는 지능이란 여러 요인으로 구성되었다고 보면서 이들 요인을 기본 정신능력으로 분석했다.

06 인출이란 학습기간 중에 있었던 인지적 환경과의 관계이며, 연령이 어릴수록 그의 인지 환경을 재구성하거나 재조직할 능력이 부족하다고 연구한 학자의 이론은 무엇인가?

정답 털빙(Tulving)의 이론

해설 인출이란, 학습기간 중에 있었던 인지적 환경과의 관계이며, 연령이 어릴수록 그의 인지 환경을 재구성하거나 재조직할 능력이 부족하다고 연구한 털빙(Tulving)의 이론이다.

07 어떤 특정의 속성이나 특징에 기준하여 서로간의 양립이 불가능한 유목으로 나누면서 동시에 상호 관계에 따라 사물들을 잘 어울리게 배열하는 것을 무엇이라 하는가?

정답 **서열화**

해설 어떤 특정의 속성이나 특징에 기준하여 서로간의 양립이 불가능한 유목으로 나누면서 동시에 상호관계에 따라 사물들을 잘 어울리게 배열하는 것을 서열화라고 한다.

08 인간은 서로 다른 '다중 지능'을 가지고 있으며 각 종류는 독립적이고 뇌의 특정 부위와 연결되어 있다고 본 학자는?

정답 **가드너**

해설 가드너의 다중지능이론은 인간은 여덟 종류의 서로 다른 지능을 가지고 있으며 각 종류는 독립적이고 뇌의 특정 부위와 연결되어 있다

1. 성역할의 학습

(1) 성역할의 개념

① 성역할

성역할은 어떤 개인이 소속된 문화권 내에서 남성 또는 여성으로 특징을 지닐 수 있는 자질이다. 성역할이란 남성이나 여성에 대한 문화적 인습과 관련된 태도 및 행동이다. 즉, 한 사회에서 남성과 여성에게 적합하다고 생각하는 특성과 행동을 말한다. 아동이 성역할 특성을 발달시켜 가는 과정을 성유형화라고 한다.

② 캐건(Kagan)

대부분의 문화에서 심리학적 특성으로 여성에게는 동조성·양호성·수동성·의존성이 기대되는 반면, 남성에게는 공격성·독립성·활동성이 기대된다.

(2) 성역할 발달이론

① 생물학적 이론

생물학적 이론은 남녀 간의 유전적, 해부학적, 호르몬의 차이가 성과 관련된 행동의 차이를 성역할에 적응해 나가게 한다.

② 사회학습 이론

성역할 행동이 관찰학습, 변별학습, 일반화학습 등으로 형성. 발달된다. 특히 주변 사람들로부터 받은 보상, 벌 또는 직접·간접의 조건형성으로 성역할의 형성 및 발달이 이루어진다.

③ 모델링 이론

프로이트의 동일시 개념을 적용한 이론으로 아동이 직접적 훈련이나 보상 없이 또한 학습하겠다는 의도가 없어도 무의식적으로 동성의 성역할을 발달시킨다는 것이다. 아동과 모델의 상호작용 빈도와 친밀감, 관찰자의 유사성 및 자원의 통제 등, 모델링이론 에서는 친밀감 있는 동성의 부모 동일시가 성 역할 발달의 필수 조건이라고 가정된다.

④ 인지발달이론

인지발달이론은 아동의 성역할 행동이 그가 속한 문화권 내, 성차에 따라 남녀 행동을 다르게 대우하기 때문에 형성되며, 아동이 자신의 성을 인식하고 남녀의 신체구조나 능력을 종합적으로 식별하여 지각하는 인지발달의 과정에서 형성, 발달된다고 보았다.

- 콜버그(Kohlberg): 아동이 성정체감 항구성을 습득한다고 주장하였다. 콜버그는 성역할 동일시에 있어 아동은 성 동일시, 성 안정성, 성 항상성의 세 단계를 거치면서 성에 대해 이해하고 성이라는 것이 의미하는 바를 알게 된다.

- 무센(Mussen): 아동이 인지발달과정에서 사회·문화적인 성 고정관념을 느끼는 것은 부모의 양육태도에 기인된다기보다는 남녀의 신체 구조나 신체의 크기에 대한 의식의 발달에서 생긴다.

⑤ 성도식 이론(Gender–Schema)

벰(Bem)의 성도식 이론은 사회학습이론과 인지 발달이론을 결합한 것이다. 즉, 성도식 이론은 성 유형화가 아동의 인지발달 수준이나 사회문화적 요인의 영향을 받지만, 동시에 성 도식화 과정을 통해 형성되며, 사회의 남성과 여성에 대한, 기대나 믿음의 총체이다. 아동은 어떤 물건, 행동, 역할이 남성의 특성인지 여성의 특성인지를 배우면서 비교적 피상적 형태의 도식을 형성하게 된다.

(3) 가족 상황 변인과 아동의 성역할

① 아동의 성역할의 형성과 발달에는 부모·자녀 관계가 결정적인 요인이며, 부성이나 모성이 없는 경우 아동은 자신과 동성의 성 역할을 학습하고 이성의 성역할 특징을 변별할 기회를 잃게 된다.

② 라반(Rabban)의 연구와 나들만(Nadelman)의 연구: 부모의 사회계층을 성 역할 형성·발달의 변인으로 볼 때, 계층별 육아 방식의 차이에서 아동의 성 역할이 결정된다. 하류계층 아동이 중류층 아동보다 높은 성역할 선호성을 보였다고 하며, 특히 남아에게 이런 경향이 현저했다.

- 교육수준이 높은 중류층 부모 문화가 반영되어 아동의 성차보다는 능력을 강조하고 보다 현대적인 가치관을 가졌기 때문이다.

- 일반적으로 조부모와 동거하는 확대가족, 대가족은 소수의 핵가족보다 전통적 가치를 보유할 가능성이 높기 때문에 아동에게 능력차보다 성차를 강조하여 높은 성 역할 선호성을 보일 수 있다.

2. 학교생활의 적응

(1) 학업과 근면성의 발달

① 아동의 학교에 대한 태도는 학교생활 전반에 대한 적응에 있어서 대단히 중요하다. 아동의 학교에 대한 부정적 태도는 열등감의 발달을 돕게 된다.

② 근면성은 자기에게 부딪쳐 오는 환경의 도전을 스스로의 능력으로써 극복할 수 있다는 생각과 태도이다. 학교나 학업에 대한 적응은 부모가 학교나 학업에 대해 어떤 태도를 갖는 것과 상관이 높다. 학업을 중요하게 여기며 중요한 일의 성취감이 생기면 근면성은 발달하게 된다.

③ 아동기의 근면성이나 열등감의 발달 : 먼저 부모의 양육 및 훈육 태도와 그 다음은 아동 자신의 지적 능력이 중요하다.

(2) 교사의 역할

리들과 와튼버그(Reedle & Wattenberg)는 교사의 심리적 역할을 사회 대표자, 대리 부모, 불안 제거자, 집단 지도자, 자아 옹호자, 심판자(판단자), 훈육자, 동일시 대상, 지식 자원자, 친구 또는 상담자, 적대 감정의 표적, 애정 상대자로 제시했다. 교사는 살아 있는 환경으로서 아동의 거의 모든 성장과 발달에 영향을 미친다.

① 교사의 아동관과 아동의 성취

아동의 잠재력을 믿고 그 능력의 개발을 기대하는 아동관은 아동의 학업성취에 영향을 미친다.

② 교사의 유형과 아동의 성취

교사의 인성이나 그의 행동양식은 아동의 여러 면에 깊은 영향을 미친다. 하일 (Heil)연구는 교사의 인성검사 결과를 기초로 교사유형을 자발형, 공포형, 정돈형으로 나누고, 이 세 유형에서도 각기 우수 교사와 열등 교사로 나누어 교사를 분류했다. 공부하는 학생을 노력형, 순종형, 대항형으로 구분해 연구했다. 교사의 성격이나 행동유형이 아동의 성격과 잘 조화될 때 더욱 좋은 환경이 될 수 있다.

첫째, 자발형 교사: 자기주장적이고 충동적이며 요란스럽고 대단히 선택적이다.

둘째, 공포형 교사: 혼자 있는 것을 싫어하고 의존적이며, 지나치게 양심적이다.

셋째, 정돈형 교사: 자기통제력이 강하고 극기적이다. 충동적 행동을 피하고 권위에 순종적이며, 무슨 일이든 질서정연하게 이루어져야 안정감을 느낀다. 지나치게 계획을 세우고 타인을 지휘하는 것을 좋아한다.

3. 또래 집단

(1) 또래들과 아동

① 또래들과 놀이활동 등을 통하여 직접적인 상호작용을 하기도 하지만, 간접적으로 상호 관찰을 통해 사회화 과정에서 영향을 받기도 한다. 성역할 행동이나 성별에 대한 태도 형성, 가정 배경 등에서 또래 집단의 영향을 받는다.

② 코스탄초와 쇼(Costanzo & Show)

상급학년으로 올라갈수록 또래의 의견에 영향을 더 받는다. 또래에 대한 아동의 동조는 교사에 대한 아동의 동조보다 강하다.

(2) 또래의 역할

① 또래집단은 아동 개인에게 소속감의 원천이 된다.

② 또래는 서로 간 교사로서의 역할을 한다. 예를 들면, 학교에서 공부 잘하는 아동과 잘 못하는 아동을 짝지어 앉게 하여 서로를 돕게 하는 경우

③ 또래는 서로의 문제 해결을 돕는 심리 치료자의 역할을 한다.

④ 또래는 동조, 공격성 등의 다양한 모델이 된다.

(3) 단짝 친구

단짝 친구를 갖게 되면서 우정에 눈을 뜨고, 서로의 문제, 고민-갈등을 의논하고 비밀을 지키고 장래희망, 포부 등에서 영향을 주고받게 된다. 단짝 친구는 10세경에 형성되는 소집단 친구보다 더 오래 지속되는데 짧으면 수개월, 길면 평생의 우정으로 발전되기도 한다.

4. 공격 행동과 친 사회적 행동

(1) 공격 행동

① 공격성의 유형
- 도구적 공격성: 자기의 어떤 목적을 위한 공격적인 행동이다. 6~7세 이전의 유아가 장난감이나 먹을 것 등을 차지하기 위해 행동한다.
- 적대적 공격성: 타인을 비판, 조롱, 꾸짖기 등 특정의 개인에게 공격적 행동을 보이는 경우이다. 다른 사람을 해치려는 의도를 가진 행동이다.

② 성별의 차이

유아기 이전, 초기에는 성별의 차이를 보이지 않는다. 아동기에는 여아보다 남아가 더 적대적 공격 행동을 보인다고 보고한다.

③ 양육 방식

공격성은 육아 양육방식과 밀접한 상관을 보인다. 즉, 부모로부터 벌을 자주 받은 아동이나 처벌에 일관성이 없는 양육 방식으로 키워진 아동이 그렇지 않은 아동보다 공격성향을 더 많이 보인다.

④ 공격적 행동의 조절 및 통제 방법

● 행동의 원천인 욕구불만 등을 해소시켜 줌으로(놀이치료 등)써 줄일 수 있다.

● 공격적 행동과 양립 불가능한 행동으로 대치시키는 방법으로, 협동작업, 친사회적 활동을 장려하고 적절한 강화를 제시한다.

● 공격적 행동이 존재하는 결과를 인식시키는 방법이다. 예를 들면, 공격적 행동의 유해한 결과를 보여 주거나 설명하는 것이다.

(2) 친 사회적 행동

타인의 이익을 자기의 이익보다 앞세우는 행동이다. 아동의 연령이나 과거의 경험, 아동의 사회인지 능력에 영향을 받으며, 부모의 양육 태도에 영향을 받으며, 칭찬, 사회적 보상도 친 사회적 행동을 증가시킨다.

5. 대중매체의 영향

(1) 대중매체와 아동

아동들은 대중매체를 시청하는 데 상당한 시간을 할애하고 있는데, 대중매체가 아동에게 미치는 영향은 다음과 같다.

① 간접적인 성질의 영향으로 전파매체에 접하는 시간이 많아짐으로써 학교학습의 복습에 방해가 된다.

② 직접적인 영향으로 TV화면이나 인터넷 동영상에서 나타나는 장면을 보고 정서적 반응을 일으키는 즉각적 영향의 경우와 전파매체를 통해 어떤 태도나 가치관을 습득하는 장기적 영향을 고려할 수 있다.

③ 전파매체가 시청자에게 주는 메시지에 프로그램 제작자의 의도가 스며 있기 때문에 그 의도의 영향을 받는다.

④ 똑같은 프로그램도 시청하는 아동의 개인차에 따라 영향이 다르다.

(2) 지적 발달과 TV 매체

① 쉐링턴(Scherrington)

TV 매체가 가장 강력한 의사소통 매체로서 듣고, 말하고, 읽고, 쓰는 기술을 효율적으로 학습시킬 수 있다.

② TV 매체의 장점

아동은 TV를 통하여 청취력이 길러지고, 어휘력이 증강된다. 교육수단 또는 환경이될 수도 있다.

③ TV 매체의 단점

아동을 수동적·소극적으로 만든다. 문제 상황에서 쉽게 좌절·포기하도록 하며 추리력·사고력의 발달에 장애가 된다. 프로그램이 잘못 제작되면 잘못된 개념이 형성될수도 있다.

1. 학교공포증

(1) 의의

학교에서의 몹시 불쾌한 경험으로 학교에 가는 것을 두려워하거나 혐오하는 증상이다. 복통, 두통, 열, 식은땀 흘리는 증상 등이 있다.

(2) 원인

학교나 학업에 대한 심리적 불안감, 저학년 때에는 어머니와의 분리불안 등이다.

2. 행동 장애

(1) 의의

거짓말, 도벽, 공격적 또는 가학적 행동, 방화, 반항, 무단결석 등의 증세로서 아동의 신경증적 갈등을 나타내는 행동이다.

(2) 원인

대체로 부모 괴롭히기로서 부모에 대한 보복을 하거나, 주변의 중요 인물들로부터 관심이나 애정을 얻으려는 것, 심리적 갈등, 등이다. 아동의 기질, 가족 환경, 가족들의 편애, 인정감 결여가 원인일 수 있다.

3. 학습 곤란

(1) 의의

아동의 지적 능력이 제한되어 있거나 심리적 갈등이나 불안이 심하여 학업 수행에 지장이 있는 경우이다.

(2) 원인

지능이 평균 이하인 경우, 심리적 갈등이나 불안감일 경우, 말더듬이, 두통, 신열(병으로 인한 몸의 열) 등의 신체적 증상 때문에 발생할 수 있다.

6-2 아동기의 발달: 예상 문제

01 다음 중 성역할 발달이론 중에서 주변 사람들로부터 받은 보상, 벌 또는 직접, 간접의 조건형성으로 성역할이 이루어진다고 보는 이론은?

① 사회학습이론
② 모델링이론
③ 인지발달이론
④ 정신분석학이론

 ①

해설 성역할 발달은 관찰학습. 변별학습. 일반화 학습 등으로 형성되고 발달된다.

02 다음 중 성 역할 발달이론 중 모델링에 대한 설명으로 알맞은 것은?

① 어린 아이들이 동성의 부모를 동일시하는 것이다.
② 좌절된 동기를 충족시키기 위해 다른 행동으로 대체시키는 것이다.
③ 현실에 더 이상 실망을 느끼지 않으려고 그럴듯한 구실을 붙이는 것.
④ 의식하기에 너무 고통스러워 무의식 속으로 억눌러 버리는 것이다.

 ①

해설 모델링이론은 프로이트(Freud)의 동일시 개념을 적용한 것으로 동성 부모와의 동일시가 성역할 발달의 필수조건이라고 가정한다.

03 다음 중 주어진 사회에서 남성과 여성에 대한 기대나 믿음의 총체를 무엇이라 하는가?

① 성 일관성
② 성 안정성
③ 성 도식
④ 성 향상성

정답 ③

해설 벰의 성도식 이론은 사회학습이론과 인지발달이론을 결합한 것이다. 성도식은 주어진 사회에서 남성과 여성에 대한 기대나 믿음의 총체이다.

04 다음 중 라반과 나들만의 연구에서 하류계층의 아동이 중상류층 아동보다 높은 성 역할 선호성을 보이는 이유는 무엇 때문인가?

① 하류계층의 핵가족 구조 때문이다.
② 육아 태도에서 하류층 부모의 현대적 가치관이 반영되기 때문이다.
③ 교육수준이 낮은 하류층 부모는 아동의 성차보다 능력을 강조한다.
④ 하류계층 문화가 보다 전통적이기 때문이다.

정답 ④

해설 하류계층 문화가 보다 전통적이기 때문에 남아에게 성 역할 선호성이 높다. 교육수준이 높은 중류층 부모는 아동의 성차보다는 능력을 강조하고 보다 현대적 가치관을 가졌다.

05 다음 중 교사의 아동관과 아동의 성취와의 관계를 바르게 설명한 것은 무엇인가?

① 잠재력을 인정하는 교사의 아동관은 학업성취에 긍정적 영향을 준다.
② 사회계층이 높은 가정의 아동은 교사의 기대에 더 쉽게 영향 받는다.
③ 저학년 아동은 교사의 기대에 영향을 받지 않는다.
④ 교사의 아동에 대한 특별한 기대와 아동의 학과 성적과는 상관없다.

정답 ①

해설 교사의 아동관, 교육관, 교직관, 직업에 대한 신념, 가치, 인성특성은 아동의 거의 모든 발달에 영향을 미친다. 연구에 의하면 저학년 아동일수록 교사의 기대에 더 큰 영향을 받았고, 낮은 사회계층 가정의 아동일수록 교사의 기대에 더 쉽게 영향을 받는 것으로 나타났다.

06 아동기에 타인의 이익을 자기의 이익보다 앞세우는 행동을 무엇이라 하는가?

> **정답** 친사회적 행동
>
> **해설** 친사회적 행동이란 타인의 이익을 자기의 이익보다 앞세우는 행동이다. 자신에게 조금 손해가 되더라도 자발적으로 타인을 이롭게 하는 행동을 하는 것이나 호혜적인 관계로써 타인을 돕는 행동이다.

07 같은 문화권 내에서 '성차에 따라 남녀 아동을 다르게 대우'하기 때문에 형성된다는 것을 인정하면서도 아동이 자신의 성을 인식하고 남녀의 신체구조나 능력을 종합적으로 식별하여 지각하는 인지발달의 과정에서 형성, 발달 된다고 보는 이론은 무엇인가?

> **정답** 인지발달이론
>
> **해설** 인지발달이론은 같은 문화권 내에서 성차에 따라 남녀 아동을 다르게 대우하기 때문에 형성된다는 것을 인정하면서도 아동이 자신의 성을 인식하고 남녀의 신체구조나 능력을 종합적으로 식별하여 지각하는 인지발달의 과정에서 형성, 발달된다고 보는 이론이다.

08 다음 [보기]와 같은 특성을 갖는 교사의 유형은 무엇인가?

> - 지나칠 정도로 계획을 세우고, 타인을 지휘하는 것을 좋아한다.
> - 무슨 일이든지 질서정연하게 이루어져야 안정감을 느낀다.
> - 자기통제력이 강하고 충동적 행동을 피하고 권위에 순종적이다.

> **정답** 정돈형
>
> **해설** 정돈형 교사는 자기통제력이 강하고 극기적이다. 충동적 행동을 피하고 권위에 순종적이며 무슨 일이든지 질서정연하게 이루어져야 안정감을 느낀다.

07

사춘기의 발달

1. 신체의 크기

사춘기는 신체의 성장에 따라 성적 기능이 활발해지고 2차 성징이 나타나며 생식기능이 완성되기 시작하는 시기이다. 10대의 시작인 13세~19세 이전 시기이다. '청소년보호법상' 청소년은 '만19세' 미만이며, '청소년기본법'에서의 청소년이란 '9세~24세 미만'이다. 사춘기는 태아기 다음으로 성장이 급속하며 제2의 성장 급등기의 모든 측면에서 현저한 발달을 보이는 성인이 되어가는 과정에서 어린이와 어른 사이에서 불안정과 불균형으로 인한 심한 긴장감을 경험하는 '질풍노도의 시기'이다.

(1) 청소년기 신체발달의 특징

① 청소년 전기의 성장 폭발 현상

청소년기에 나타나는 신체적 변화가 급속함을 의미한다.

② 신체·생리적 발달의 가속화 현상

성장 폭발이 일어나는 시기가 점차 빨라지고 있다. 유방 발달, 음모 발달, 초경 및 몽정의 시작은 청소년기에 나타난다고 알려져 있지만, 청소년기에서 점점 연령이 어려지고 있다.

③ 개인차

청소년들은 신체적 성장 시기와 초경과 몽정과 같은 생리적 발달에서 개인차를 보인다.

(2) 사춘기의 신체적 변화

① 남성의 변화

13~15세경 사이에 신장과 체중 및 가슴둘레가 급격히 증가하다가 17세 이후에는 완만히 증가한다.

② 여성의 변화

여성의 가슴둘레 및 체중은 신장보다 늦게 급속한 성장이 시작되고 성장의 정지도 좀 늦다. 종적 신장 다음에 횡적 확장이 이루어진다.

③ 여성과 남성의 비교

여성은 남성보다 성장에 있어서 약 2~3년 정도 앞서고, 성장의 정점도 남성보다는 낮다.

2. 제2차적 특징

(1) 남성의 경우

남성의 경우에는 턱과 코 밑에 수염이 돋아나며 음모가 나타난다. 후두가 사춘기에는 급속히 발달하여 성대가 굵어져 목소리가 거칠게 들린다. 사춘기 남성은 몽정을 하는데, 이에 따라 수음을 하기도 한다. 사춘기에는 남성 호르몬의 분비가 왕성해진다.

(2) 여성의 경우

여성의 경우에는 유방이 커지고 초경이 나타나면서 어깨도 넓어지고 음성도 변한다. 치골부위가 넓어지며, 피하지방이 발달되어 피부가 통통해지면서 살결과 더불어 부드러워진다.

3. 성적 성숙

(1) 사춘기의 도래

사춘기에는 남성 호르몬과 여성 호르몬의 분비량이 현저히 증가한다. 초경과 몽정, 손목뼈의 석회화 정도, 음모도 발생한다.

(2) 사춘기적 특징

여성에게 초경이 나타나면 가임 능력이 있다는 증거가 되며 남성 또한 그러하다. 신체 발달에 심리적 성숙이 따르지 못할 경우 많은 청소년 문제를 야기한다.

1. 심리적 변화

(1) 정서 변화

사춘기를 '질풍노도기'라고 하는데 '청소년 전기는 감정이 격하고 기복이 심한 시기이므로 낙관적, 비관적 감정이 교차하기도 하고 자부심과 수치심을 강하게 경험'하기도 한다. 주변의 사람들과 공유할 수 없는 감정을 경험하고, 자각함으로써 고립감을 느끼기도 한다. 불안해서 화를 내고 긍정적이기보다 부정적 정서로 기울어지는 경향을 보인다.

* 부정적인 정서가 나타나는 이유는 다음과 같다.

① 신체 발달을 중심으로 한 성적 변화가 급격한 데 대한 적응이 서툴기 때문이다.

② 가족에서 한정되었던 인간관계가 이성이나 일반사회로 확대됨에 따라 관심, 가치관의 변화에 적응하는 과정에서 긴장과 갈등을 겪는다.

③ 이성 의식의 변화

● 성적 길항기: 아동기로서 남녀가 서로 꺼리며, 잘 싸우고 잘 울린다.

● 성적 혐오기: 사춘기 초기로서 이성과 함께 놀거나 일하는 것을 싫어하는 시기로 대체로 11~13세경이 된다.

● 애착기: 사춘기의 성적 변화에 대한 당혹과 불쾌감이 사라지게 되면서 혐오기에 대한 반동 작용으로서 애착의 대상을 추구한다. 이성애 단계는 16~17세경 이후이다.

● 송아지 사랑: 연상의 선생님, 배우, 가수, 탤런트, 상급생 등을 대상으로 한 사랑이다.

● 강아지 사랑: 또래 정도의 이성, 즉 덜 세련되어 서툴고 어색하고 수줍고 균형 잡히지 않은 이성에게 신선한 호감을 느끼는 시기이다.

● 연애: 1대 1의 이성 관계를 추구하는 형태가 나타나며, 정신적 결합에서 만족을 얻는 사랑에 몰두하다, 신체적 접촉, 성적 사랑으로 발전한다.

2. 사고 발달

청소년기에는 육체적 변화가 일어남과 동시에 새로운 사고방식과 인지적 능력이 확대된다. 더 수준 높게 사고하는 기술 발달, 미래에 대한 생각, 이상적인 것을 추구하기 시작한다.

(1) 추상적 사고

실제의 사물이나 관찰 가능한 사건 및 현상에 국한하지 않고 머릿속으로만 생각할 수 있는 추상적 사고가 가능하다. 은유 표현 또는 추상적 개념이나 관계를 보다 잘 이해한다. 청소년기 추상적 사고능력의 향상은 사회 문제나 이념 문제를 논리성이 있고 진보로 추론할 수 있다(청소년기는 피아제의 형식적 조작기).

(2) 가설 연역적 사고

청소년은 가설을 만들어내고 검증할 수 있게 된다. 즉, '만일 ~이면 ~이다.'라는 가설을 사용해 논리성 있는 결론을 이끌어내는 연역적 추론 능력을 가질 수 있게 되는 것이다.

(3) 체계 및 조합의 사고

청소년기에는 과학자가 하는 것처럼 사고하기 시작한다. 문제 해결을 위해 사전에 계획을 세우고, 체계 있게 해결한다.

3. 행동의 변화

(1) 피로감

사춘기에는 신체 성장과 성적인 변화로 에너지 소모가 증가되어 쉽게 피로감을 느낀다. 우울증, 불안, 짜증 등이 나타나는 것은 불안정 때문이다.

(2) 사회적 충돌

자아의식이 강화되어 사람과의 대면이 불가피할 때는 무비판적 수용보다는 비판하고 항거한다.

(3) 침착성의 결여

생리적 이유와 정서적 불안정성으로 행동에 침착성이 결여되어 있다.

03 성격 및 사회성의 발달과 성교육

1. 성적 변화와 성격 및 사회성과의 관계

(1) 사춘기에 신체적으로 나타나는 성적인 변화가 성격 및 사회성 발달에 미치는 영향

① 제2차적 특징

청소년의 성에 대한 태도와 가치관의 형성에 영향을 미치며, 사춘기의 성 특징에 대해 불만으로 자기의 성에 부정적, 혐오적 태도는 이성 관계나 결혼에 대해서도 좋지 않은 태도를 갖기 쉽다.

② 성적 조숙이나 만숙은 성격 및 사회성 발달에 영향을 미친다.

③ 외형적으로 나타나는 성적인 변화는 체격과 외모의 변화로, 지도성, 열등감, 대인관계의 기피현상 등 성격이나 사회성의 발달과 관계 된다.

④ 성적인 변화에 따라 심리적·신체적 균형이 이루어져야 하며, 발달 과업의 성취와 이 성취에 영향을 받아 사회성 및 성격 발달이 이루어진다.

2. 사회성 발달

① 소속감과 동료의 영향

청소년들은 집단정체감을 갖고자 한다. 동료 집단의 영향을 중요하게 인정하고, 소속되기를 원하기 때문이다. 청소년들은 자신들만의 특이한 문화를 형성하여 상호 영향을 주고받는다.

② 이성 관계

청소년기에 이성관계가 시작되는데, 외모나 재능, 활동성이나 능력 등이 청소년들의 인기를 좌우한다.

2. 성교육과 발달 과업

(1) 성교육

① 성적 변화

청소년기의 성적 변화는 성에 대한 청소년의 관심을 야기시킨다. 성에 대한 적절한 지식을 갖추면 자기 성의 변화에 불안하거나 당혹되지 않고, 적절한 성정체감을 확립시킬 수 있다.

② 성교육의 내용

성교육은 성적 변화에 대한 지식만이 아니라 심리적 변화에 대한 지식도 제공한다. 성교육은 성적 변화의 신체적·생리적 내용과 적절한 위생적 태도와 방안 및 긍정적 태도까지를 포함해야 한다.

2. 사춘기의 발달 과업

① 자기조절

신체적으로 급격히 성장하여 신체적 균형이 어색하게 되기 때문에 적절한 운동으로 몸의 건강과 자세에 있어 균형과 조화를 이룬다.

② 동료와의 동일시

아동기적 자기중심적 동기와 사회적 동기의 균형을 이뤄 사회적·정서적으로 가족, 부모 이외의 동료 친구와 잘 융합한다.

③ 자아의 재체제화

이 시기에 들어 적응 곤란이 생기는 수가 있는데, 이의 해결을 위해 자기에 맞는 태도와 행동양식을 갖추어 나가야 한다.

④ 사회적 민감성

타인의 존재를 인식하게 되어 타인의 요구기대 등을 이해하게 되며, 나아가서 대중적인 것, 일반적인 것을 취하려 한다.

1. 청소년의 비행

(1) 비행 소년의 범위

청소년의 비행은 형벌법령이나 특별법 또는 환경에 비추어 장차 법령에 저촉되는 행동을 할 우려가 있는 범죄소년이다.

(2) 비행 소년의 종류

비행소년은 탈법소년, 우범소년, 불량 행위 소년, 요 보호소년 등이 있다.

(3) 비행소년의 원인

① 사회적 원인

가족 불화 및 해체 등으로 청소년들이 반사회적 가치관을 갖는 하위문화에 동조할 때 비행을 시도하게 된다.

② 성격적 원인

정신 병리적인 성격 때문에 청소년비행에 가담할 때, 양심 발달이 충분히 이루어지지 않거나 죄의식을 갖지 못할 때 등이다.

2. 학업 부진

(1) 피로감과 게으름

생리적인 급격한 변화로서 피로감과 게으름이 나타나고, 점차 학업에 성실하지 못하며 악화되면 학업 부진의 결과가 된다.

(2) 사회문화적 요인

부모를 비롯한 가족이 학업에 관심이 적거나 학업을 중요시 않을 때 청소년 자녀의 학업생활에 좋지 못한 영향을 준다. 또래 집단의 인정과 욕구 및 동일시로 인해 학습 동기가 약화될 수 있다.

(3) 심리적 요인

가족생활의 불화, 부모·자녀간의 불화는 가족생활에 대한 부적응이 되고, 부모에 대한 적대행동을 시도하는 원인이 된다.

07 사춘기의 발달: 예상 문제

01 다음 중 '질풍노도기 격동과 갈등', '좌절과 고뇌', '애정과 낭만의 시기'라고 특징지을 수 있는 시기는 무엇인가?

① 성인기
② 사춘기
③ 아동기
④ 영아기

정답 ②

해설 사춘기(청소년기)는 질풍노도의 시기라고도 하는데, 신체적, 생리적 변화가 오는 시기이며, 심리적 갈등과 행동의 적응에 있어서 격동과 갈등의 시기 또는 좌절과 고뇌의 시기, 애정과 낭만의 시기라고도 부른다.

02 다음 중 '사춘기'에 대한 내용으로 옳은 것은?

① 가정의 틀 안에서 아동이 존재한다.
② 인간관계가 가족에게 한정되어 있다.
③ 성적 성숙이 이루어지는 시기로 질풍노도의 시기라고 한다.
④ 격리 불안을 심하게 느끼는 시기이다.

정답 ③

해설 사춘기는 성적 성숙이 이루어지는 시기로 흔히 질풍노도의 시기라고 한다.

03 다음 중 '제2의 성장급등기'라 할 정도로 신체의 모든 측면에서 현저한 발달을 보이는 시기는 언제 인가?

① 청년기
② 사춘기
③ 아동기
④ 영아기

정답 ②

해설 사춘기는 태아기 다음으로 성장이 급속하며 제2의 성장급등기의 모든 측면에서 현저한 발달을 보인다.

04 다음 중 사춘기와 관련된 설명으로 옳지 않은 것은?

① 사춘기적 특징은 성적 성숙을 의미한다.
② 초경이 점차 늦어지고 있다.
③ 사춘기 남성은 몽정, 여성은 초경이 나타난다.
④ 신체적 성장 시기와 기초경 같은 생리적 발달에서 개인차를 보인다.

정답 ②

해설 우리나라 여아의 경우 초경이 점차 빨라지고 있는 추세이다.

05 다음 중 이성 의식의 발달 단계로 가장 알맞은 것은?

① 성적 혐오기 — 애착기 — 성적 길항기 — 이성애 단계
② 성적 길항기 — 애착기 — 성적 혐오기 — 이성애 단계
③ 성적 길항기 — 성적 혐오기 — 애착기 — 이성애 단계
④ 성적 혐오기 — 성적 길항기 — 애착기 — 이성애 단계

정답 ③

해설 성적 길항기에는 남녀가 서로 꺼리고 잘 싸운다. 성적 혐오기는 11~13세경이며 애착기가 오고난 후. 그 다음 으로 이성애 단계가 온다.

06 사춘기의 급격한 생리적 변화로 나타나는 피로감과 게으름, 부모나 가족의 불화, 또래의 영향 그리고 동일시 모델의 영향 등으로 인해 일어나기 쉬운 사춘기 청소년의 문제행동은 무엇인가?

정답 **학업 부진**

해설 학업 부진의 원인으로는 피로감과 게으름, 부모나 가족의 불화, 또래의 영향 등 다양하다.

07 사춘기시기에 이성 의식의 변화 중 연상의 선생님, 배우 가수 탤런트, 상급생 등을 대상으로 한 사랑은 무엇인가?

정답 **송아지 사랑**

해설 이성에 대한 의식은 시기에 따라서 변화를 보이는데, 사춘기의 성적 변화에 대한 당혹과 불쾌감이 사라지게 되면 혐오기에 대한 반동 작용으로서 애착의 대상을 추구한다. 송아지 사랑은 연상의 선생님. 배우. 가수, 탤런트, 상급생 등을 대상으로 하는 사랑이다

08 다음의 [보기]와 같은 특성을 갖는 시기는 언제인가?

- 제2차적 성 특징이 나타나며, 여아는 초경을 남아는 몽정을 한다.
- '질풍노도기' 시기로 정서 변화가 심하다.
- 부정적 정서로 기울어지는 경향을 보이는 시기이다.

정답 **사춘기**

해설 사춘기의 신체적, 심리적, 정서적 변화에 대한 적응문제로 사춘기의 청소년은 불안하기 쉽다. 연령은 10대의 시작인 13세경 이후에서 18, 19세경 전후에 이르는 시기이나 발달이 빠른 경우 초등학교 5. 6학년 때에 이미 제2차적 성 특징이 나타나기도 한다.

08

청년기의 발달

01 지적 발달

1. 청년기의 정신 능력의 변화

청년기는 아동기에서 성인기로 옮겨가는 시기로 신체와 정신의 발달이 가장 왕성한 19~20대 시기이다. 사회의 변화와 함께 달라지고 있어 이를 단계로 구분하기 쉽지 않지만, 청년기란 사회에 진출하는 시기로서 부모로부터 독립하여 일상의 문제를 본인이 처리하고 결정을 시작하는 시기이다. 성인으로 역할을 준비하며, 심리적, 사회적 차원에서 정체감을 형성한다.

(1) 양적인 측면

① 양적 정신능력

청년기의 지능검사 점수로 인지 능력을 측정한다.

② 청년기의 지능검사에서 유의할 점

청년들은 지능검사의 문항을 해석할 때 가끔 사회적 상황이나 정치와 관련된 내용을 관련시켜, 문항의 내용을 지나치게 해석하는 경향으로 첫째, 양적인 정신능력은 연령 분화가설 둘째, 지적인 성장의 경로를 문제시하는 두 가지 견해가 쟁점이다.

(2) 질적인 측면

청년기의 질적인 정신 능력에는 추리 문제해결력 등과 관련된 연구가 중심이 된다.

2. 지적 발달의 측면

(1) 연령 분화 가설

연령의 증가에 따라 인간의 지적 능력이 점차 분화와 통합 및 재분화 등의 과정을 거쳐간다는 견해이다.

① 유아기

정신 능력은 서로 분리되어 있고 또 서로가 협응이 안 되어 있다.

② 아동기

정신 능력들이 서서히 통합되어 가서 몇 개의 고차적 정신 능력으로 흡수되고, 여러 정신 능력간의 협응도 잘 이루어진다.

③ 청년기

아동기보다 기본 능력이 더욱 많아지고 정교해진다.

④ 중년기

발달단계에서 재통합이 이루어진다.

(2) 지적 성장의 경로

① 연령 척도인 스텐포드-비네(Stanford-Binet) 지능검사의 결과로, 청년기의 지능은 일생에 있어서 절정에 도달하고, 그 이후 서서히 감소한다.

② 인간의 지능이 연령의 증가에 비례하여 증가한다는 견해에 대한 반론: 지능이 연령에 따라 감소하는 현상은 주로 횡단적 연구에 의한 결과에서 나타나는데, 종단적 연구의 결과에 의하면 오히려 지능의 증가현상이 나타난다.

(3) 청년기 사고에 대한 견해

① 페리(Perry)의 다원론적 사고

청소년기의 사고는 흔히 흑백논리에 의해 좌우되는 반면, 성인이 되면 이원론적 사고에서 벗어나 다원론적 사고로 옮겨간다.

② 크레이머(Kramer)의 후 형식적 사고

성인 전기인 청년기는 후형식적 사고로 이행하는 그 첫 생애 시기이다. 이는 상대적인 것을 추구하는 좀 더 유연한 방식으로 사고하는 특징이 있다.

● 지식에 대한 상대주의적 태도를 취한다.

● 누군가에게 애정과 증오라는 상반된 감정을 갖는 등 모순을 부정하지 않는다.

● 서로 모순된 사고나 감정 또는 경험을 통합하는 능력이 있다.

1. 자아정체감의 개념

(1) 자아정체감의 생성

사춘기부터 시작하여 청년기에 '나는 누구인가?'(who am I), '어떤 사람이 될 것인가?'(who am I to be), '나는 어떤 사람이 되고 싶은가?'(who do I want to be) 등의 질문을 스스로에게 던지게 된다. 자아 정체감의 생성으로 학교에서 배우지 못하는 실용적·실제적 지식을 얻는 능력을 함양한다.

(2) 자아정체감의 의미

에릭슨(Erikson)이 체계적으로 사용한 개념으로서 자아정체감은 개인적인 독특성의 의식적 지각이며 성격의 연속성이나 일관성을 유지하려는 무의식적 노력을 뜻하며, 집단구성원과 그들의 이상 또는 이념과의 결속성의 의미하기도 한다.

(3) 자아정체감의 확립

자아정체감이란 오랜 기간에 걸쳐 자기 지각적 일관성을 가지려는 노력에 의하여 뚜렷이 확립되는 것이지, 어느 특정 순간이나 단기간에 이루어지는 것은 아니다.

(4) 정체감의 위기

자아정체감을 획득해 나가는 과정에서 정체감 위기가 나타날 수 있는데, 거의 모든 문화에서 이를 인정하고, 관용스럽게 지켜본다. 청소년의 비행이란 긍정적 자아정체감 형성이 빗나간 경우이다.

2. 마샤의 자아정체감 발달 단계

(1) 정체감 혼미단계

뚜렷한 직업관이나 종교 및 정치관을 갖지 못하는 단계이다. 정체감의 혼미란 인생을 되는대로 사는 것이다. 청년들은 대개 자신의 현재와 과거를 분리시켜 사고하는 경향이 있고 강한 불안이나 긴장감을 느끼며, 자기 태도나 인성에 회의를 품는 경향이다.

(2) 정체감 미숙 또는 유실단계

부모나 기타 권위에 의해 주어진 대상을 선택의 여지없이 그대로 받아들여 그에 동조하고 있는 상태이다. 이 경우는 외견상으로는 정체감 확립단계와 같으나 외적 상황이 바뀌거나 충격이 오면 정체감이 붕괴된다.

(3) 정체감 유예단계

정체감 유예란 비상시 국가가 은행에서의 지불 정지를 명령하는 경제학 용어인데, 에릭슨, 미드, 마샤 등이 자신들의 학문 용어로 사용하였다.

① 에릭슨

개인의 성장발달과정에서 일정 기간 정체를 나타내는 것이다.

② 미드

유예기란 일시적인 현상이기보다는 뚜렷한 하나의 단계로 보아, 청년기의 심리적 현상이다.

③ 마샤

유예 기간은 친 권위의식이 낮고 저항감, 자신감, 불안감이 높은 특징을 보인다.

(4) 정체감 확립단계

청년은 모든 것을 자기에 의하여 결정하고, 종교, 정치작업 등 사회생활과 가정생활에서는 그가 수립한 세계관, 인생관, 가치관에 의거하여 과거와 현재, 미래의 조정·통합을 할 수 있게 되어 자기만의 미래를 창조할 수 있다. 청년은 성취 욕구가 높고 목적의식이 분명하며 반권위적이고 독립적이고 적응력이 강한 특성을 보인다.

03 정서 발달

1. 우울증과 반항

청년기에는 정서적인 스트레스와 압력으로 우울증의 발생 가능성을 증가시킨다. 청년기에는 자신이 어디서 와서 어떻게 현재에 이르게 되었는가! 이상과 현실의 모순 때문에 불만스러운 현실에 반항적이 될 수 있다.

● 청년 후기에는 자기의 이성과 현실간의 적절한 행동적 균형을 취할 줄 알게 되어 반항적 감정을 완화시키며 점차 관용스러워진다.

2. 자아중심성(egocentrism)

(1) 자아중심성이란

자신에 대한 생각과 관념에 사로잡혀 '자신이 중요하고 가치롭다'는 자신의 관념 세계와 타인의 관념을 구분하지 못하는 '청년기 자아중심성'이란 행동적 특징을 나타낸다.

● 자신은 특별한 존재라는 착각에 빠지게 되어 강한 자의식을 보이기도 한다.

● 청년기의 자아중심성을 반영하는 사고는 '상상적 관중과 '자기우화' 두 가지가 있다.

● 논쟁에 있어서 자기 생각이나 아이디어를 몹시 고집하는 경향, 자신이 원하는 주제로 논쟁을 시작하여 결말지으려는 주장도 갖게 된다.

① 상상적 관중

청년은 자신이 주인공이 되어 무대 위에 있는 것처럼 행동하고 다른 사람들을 구경꾼으로 생각하는데 이것을 '상상적 관중이라고 한다. 실제 상황 에서 청년이 관심의 초점이 아니라는 의미에서 '상상적'이며, 다른 사람들이 자신을 관심의 대상으로 생각한다고 믿기 때문에 타인들은 '관중'이다. 자의식이 강하고 대중 앞에서 유치한 행동을 하는 것들은 상상적 관중 때문이라고 할 수 있다.

② 개인적 우화(자기우화)

자신의 감정과 사고가 너무 독특해서 다른 사람들은 이해할 수 없을 것이라고 생각하는 것이다. 자신이 너무도 중요한 인물이라는 믿음 때문에 자신이 아주 특별한 사람이라고 생각한다.(예를 들어, 자신이 달콤했던 첫사랑이 이루어지지 못해 너무 슬펐다는 사실을 다른 사람은 전혀 이해하지 못 할 것이라는 생각)

(2) 신체상

신체상(Body image)은 자신의 신체의 느낌, 자신의 신체에 대해 얼마나 만족하는가! 청년기에는 신체변화가 급격히 일어나므로 왜곡되기 쉽다. 다른 사람과 비교를 통한 사회적 거울에 의해 반영된다.

(3) 자아중심성의 결과

청년기에는 타인의 관심과 주의를 의식한 행동을 하고 옷차림을 하며 동료집단의 힘을 매우 중요하게 의식하기 때문에 동료의 반응에 신경이 예민하다.

3. 독립성 추구와 양가적 감정

(1) 독립성 추구

① 청년기에는 독립적 존재로서 자신을 의식하게 되고, 사회나 주변 사람들이 독립적 존재가 되어 줄 것을 기대한다. 청년기의 독립성 추구는 부모의 양육 태도에 의하여 쉽게 또는 어렵게 성취될 수가 있다.

② 청년기의 독립성은 청년기에만 형성 발달되는 것이 아니고 배변훈련기부터 계속적으로 발달되어 온 것이다.

(2) 독립성에 대한 양가적 감정

청년기에 새로운 특권을 즐기려 하면서도 그에 수반되는 책임은 회피하려는 성향이다. 청년기에는 불확실하고 불안스러우며 자신이 없는 경우에는 부모에게 의존하려 하고, 권익이 따르는 경우에는 독립하고 싶은 양가적 감정이 나타난다.

4. 도덕성

청년기에는 자아의식이 발달하기 시작하면서 기성의 도덕성이나 관습에 의문을 갖게 된다. 도덕적 판단의 기초가 튼튼하지 못할 경우에는 현실에서 유리된 이상적인 도덕을 추구하거나, 그 시대의 영향을 입어 본질에서 벗어나기도 한다. 하지만 경험을 쌓아감에 따라 사회에서 자기의 입장이나 위치를 이해하게 되어, 자주적이거나 자율적 인 행동을 취하면서 그 판단이 사회의 일반적인 기준에 합치되게끔 한다.

04 사회성 발달

1. 소속감과 청년 문화

청년 문화는 젊은 세대의 독특한 정체성을 표현하는 문화라고 할 수 있다. 청년 문화는 가족과 사회, 아동기와 장년기의 중간적 매체로서의 역할을 하며, '의존'으로부터 '독립'의 이행을 순조롭게 돕는 힘을 가지고 있다. 성인 사회가 갖는 가치나 규범의 습득을 촉진시키는 기능이 있다.

- 청년 문화는 기성세대에 비해서 높은 수준의 욕구 체제를 가지고 있다. 청년은 기성 세대에 비해서 높은 이상을 가지며, 이상이나 욕구가 합리적인데, 상호 부조리 때문에 저지 받거나 좌절될 때, 그들의 욕구 불만은 체제 비판적인 반문화를 형성할 우려도 있다.

2. 이성관계

(1) 이성교제는 사회구성원으로서 기대되는 성인 남녀의 역할을 수행하는 준비단계이다. 이성 친구와 교제하면서 사회에서 기대하는 자신의 성역할을 습득, 이성과 친밀한 만남을 유지하는 방법을 터득하게 된다.

- 예를 들면, 데이트하면서 어떻게 대화를 시작해야 하는지를 배우며, 상대방의 말을 경청하거나 공감을 표현하는 것, 대인관계기술을 발달시키게 되며, 이성교제 시 갈등이나 지배와 같은 상이한 경험을 통해 남녀 조화의 중요성을 깨닫기도 한다.

(2) 이성교제의 중요한 역할

신체적으로 다른 남녀가 서로 깊은 만남을 통해 배우게 되는 것 이다. 이성교제 시 상대방을 이해하고 함께 문제를 해결하는 방법, 성역할 등을 습득하는 사회화의 기능을 수행한다.

08 청년기의 발달: 예상 문제

01 다음 중 연령 증가에 따라 '인간의 지적 능력이 분화, 통합, 재분화를 통해 발달해 간다'는 가설은 무엇인가?

① 영가설
② 연령 분화 가설
③ 진화설
④ 연령 증가설

정답 ②

해설 '연령 분화 가설'은 연령이 증가될수록 인간의 지적 능력이 점차 분화와 통합 및 재분화 등의 과정을 거쳐 간다는 견해로 유아와 아동을 비교하면, 아동이 유아에 비해 여러 정신능력들을 통합할 수 있어서 기본 능력도 많으며, 정교한 행동을 보인다고 본다.

02 다음 중 연령 분화 가설에 따른 청년기의 지적 발달의 특징으로 알맞은 것은?

① 기본 능력의 재통합
② 기본 능력의 증가와 정교화
③ 고차적 정신 능력으로의 통합
④ 분리와 협응이 불가능

정답 ②

해설 연령 분화 가설은 청년기에는 정신 능력이 다시 분화되어 아동기보다 오히려 기본 능력이 더욱 많아지고 정교해진다.

03 다음 중 스텐버그의 삼원 이론에서 지능의 요소에 해당되지 않는 것은?

① 구성적 지능
② 경험적 지능
③ 상황적 지능
④ 인지적 지능

정답 ④

해설 스텐버그의 삼원 이론은 구성적 지능, 경험적 지능, 상황적 지능이다.

04 다음 중 '스텐버그의 삼원 이론' 중 환경에 대처하는 능력으로 학교에서 배우지 못하는 실용적이고 실제적 지식을 얻는 능력의 지능은?

① 구성적 지능
② 상황적 지능
③ 경험적 지능
④ 공간적 지능

정답 ②

해설 상황적 지능은 환경에 대처하는 능력으로 학교에서 배우지 못하는 실용적, 실제적 지식을 얻는 능력이다.

05 다음 중 가드너의 다중지능 중 자기 자신에 대해 정확히 판단하고 효과적인 인생을 꾸려가는 능력을 말하는 것은?

① 언어 지능
② 개인 이해 지능
③ 공간적 지능
④ 대인 관계 지능

정답 ②

해설 개인 이해 지능은 자기 자신에 대해 정확히 판단하고 효과적인 인생을 꾸려가는 능력이다.

06 마샤의 자아정체감 발달 단계 중 친 권위 의식이 낮고 저항감, 자신감, 불안감이 높은 특징을 보이는 시기는?

> **정답** 정체감 유예 시기
>
> **해설** 정체감 유예 단계는 유예기 동안 개인은 좀처럼 현재의 자기 위치를 바꾸려 들지 않으면서도 새로운 차원의 가치와 동일시하려고 한다.

07 청년기에 자신의 독특성에 대한 비교적 안정된 느낌을 갖는 것으로 자각을 통해 자신이 누구인가를 아는 것을 무엇이라 하는가?

> **정답** 자아정체감
>
> **해설** 자아정체감은 인지적, 정의적 특성의 변화에도 불구하고 변하지 않는 부분에 대한 자각을 통해 자신이 누구인가를 아는 것이다.

08 자아중심성을 반영하는 상상적 관중과 자기우화를 보이는 특성을 갖는 시기는 언제인가?

> **정답** 청년기
>
> **해설** 청년기는 대체로 18세경부터 22세경까지가 된다. 이 시기에는 자아 정체감을 비롯한 많은 발달과업을 수행하여 다음에 오는 성인기에 대비하게 된다.

CHAPTER

09

성인기

01 성인기의 정의

1. 성인기의 구분

우리나라는 20세를 성인으로 인정하고 성년식을 갖는다. 성인기연령은 30~40세경이며, 연령 구분은 다양하다. 성인기에는 신체적 성장과 성숙이 거의 완성되어 성년이 된 시기로서 '레빈슨(Levinson)은 1970년대 인생 4계절 이론에서 성인기 삶을 5년 주기 단계로 구분했다.'

① 성인 초기 전환기(17~22세)

개인은 부모로부터 경제적, 정신적으로 독립해서 자신의 독특한 정체감을 형성하게 된다.

② 성인 전기로의 진입 시기(22~28세)

결혼과 취업을 통해 기존의 가족으로 부터 분리하여 자신의 꿈을 실현해 새로운 인생의 구조를 계획하는 '제1기의 정착기'라고 할 수 있다.

③ 30대 전환기(28~33세)

자신의 인생의 방향, 목표, 생활 등 '재평가'해 봄으로써 첫 인생구조의 문제점을 인식, 새로운 전환을 시도하게 된다.

④ 성인 전기 안정기(33~40세)

개인은 가정-직장-친구-사회에 열정적이며, 자신이 관심과 흥미를 가지고 있는 분야에 보다 깊은 개입과 책임감을 가지고 자신을 투자하기 때문에 '제 2기의 정착기'라고 한다.

⑤ 성인 중기 전환기(40~45세)

성인 전기와 중기의 가교역할을 하는 시기로 자신의 삶의 가치에 대한 재평가를 시도하면서 지난날의 삶에 의문을 가지게 되는 시기이다.

⑥ 성인중기로의 진입(45~50세)

새로운 인생구조의 형성의 여러 가지 노력, 가정에서 관계 재정립, 직장에서 과업 수행방식의 재조명을 한다.

⑦ 50대 전환기(50~55세)

인생구조를 재평가, 중년기 입문기에 위기가 없었다면 이 시기에 위기 확률이 높은 시기이다.

⑧ 성인중기 안정기(55세~60세)

두 번째 성인중기의 인생구조 형성 후 중년기 마무리하는 단계, 성공적인 자아 변화 시켰다면 만족의 시기이다.

⑨ 성인후기 전환기(60~65세)

은퇴, 신체적 노화에 대비하는 시기이다.

2. 성인기의 특성

성인기는 가족 주기의 중간 단계로 부모가 인생 중반에 도달하여 많은 것에 내적인 정신 갈등과 인생에서 증가되는 관심의 재평가가 높아진다.

1. 발달 과업 개념의 도입

① 해비거스트(Havighurst)

발달 과업이란 개인의 생애 중의 특정 시기에 행해져야 할 과업으로 일정 과업의 성공적인 달성은 그 개인에게 행복감을 주고, 다음 단계의 과업 성취를 용이하게 하지만 과업 달성을 성공적으로 이루지 못하게 되면 불안감, 사회 불인정의 결과를 초래한다.

② 에릭슨(Erikson)

인간의 심리 사회 발달 8단계 이론에서, 6단계인 성인 초기를 친밀감 대 고립감의 시기이다.

● 인간은 '친구관계·부부관계·전우애' 등 타인과 친밀감을 가지는데, 타인의 입장 이해, 감정 이입의 능력이 형성될 때 가능하고, 친밀감이 형성되지 않으며 고립되어 살아가거나, 친구, 애인, 배우자 등을 얻기 어렵다.

2. 성인기의 발달 과업

① 성인으로서 사회적으로 적응하기 위해서는 개인이 먼저 성숙된 인격을 갖추어야 한다. 열등감과 좌절을 스스로 극복하는 방법을 찾으며, 작은 일에도 행복감을 느끼며 통합된 인성, 성숙된 사람으로 살아야 한다.

② 성인으로서 자기 자신을 부양하고 자신의 적성과 능력에 맞는 직업을 통해 자아를 실현하도록 해야 한다.

③ 성인기는 일생을 함께할 동반자를 발견해서 결혼을 하고 가정을 형성하는 시기이다.

④ 취업을 하여 자신을 부양하는 개인은 결혼을 하면 가족을 부양하게 된다. 가족의 안전과 건강을 위해 경제적 책임을 나누어 가진다.

⑤ 성인은 결혼하면 부모가 되고, 또한 부모가 되기를 소망한다. 육아를 위한 물질적·시간적·인적 준비가 요구된다.

⑥ 다음 단계인 중년기를 위해 자기발전을 추구하는 일이 필요하다. 발달과업이 더욱 성숙되고 발전되도록 계속적으로 노력해야 한다.

1. 성숙의 개념

① 프로이트(Freud)의 정신분석학

인생 초기에서부터 생기는 성적 충동이나 공격적 충동을 승화시켜 표현할 수 있을

② 에릭슨(Erikson)

자아와 밀접한 친교 능력을 지니게 되는 것이다.

③ 학습이론

자극과 반응의 연결 체제를 개념으로, 개인의 불안에서 벗어나 주위 자극에 대해 체계적인 반응을 보이는 것이 성숙이다.

④ 자아이론

자기 수용을 성숙으로 본다.

⑤ 올포트(Allport)

통일된 인생철학을 지니고 자아감을 확충하는 게 성숙이다.

⑥ 매슬로우(Maslow)

사회는 개인의 인간적 발달을 방해할 가능성이 많은데, 어떤 상황에서도 인간적인 방향으로 나아가려는 노력 또는 욕구의 실현이 곧 성숙을 나타내는 것이다. 매슬로우는 성숙인을 자기성취인이라 하고, 자기성취인이란 '자기의 재질, 역량, 가능성을 최대한으로 개발, 활용하려고 노력하고 또 그렇게 할 수 있는 사람'이라고 정의하였다.

※ 메슬로우의 욕구 5단계 이론
- 1단계: 생리적 욕구
- 2단계; 안전에 대한 욕구
- 3단계: 애정과 소속의 욕구
- 4단계: 자기 존중의 욕구
- 5단계: 자아실현의 욕구

메슬로우의 욕구 이론은 기본욕구와 성장욕구로 구분된다. 첫째, 기본욕구: '생리적욕구, 안전에 대한 욕구, 애정과 소속의 욕구, 자기 존중의 욕구'로, 결핍욕구 이다. 둘째, 성장 욕구는 '자아실현의 욕구' 를 뜻한다.

> 인간의 모든 욕구는 가장 낮은 수준의 욕구가 충족되어야 다음 수준의 상위 욕구로 성장을 하게되는 피라미드형 위계 구조이다.

2. 올포트의 성숙 인격 모델

(1) 자기감(自己感)의 확장

사회적 경험과 범위를 넓혀가는 것, 올포트는 자기애가 인간에게 중요하고 피할 수 없는 요인이지만, 자기감의 확장이야말로 인간의 성숙함을 보여 주는 중요한 징표라고 주장했다.

(2) 타인과의 따뜻한 관계

① 친근감

부모, 형제는 물론이고 친구, 동료 등 주위의 사람들에게 친근감을 표현한다. 친근감의 표현 능력은 자기감의 확장에서 비롯된다.

② 동정

인간들 누구나가 경험하는 고통이나 열정, 공포, 실패 등을 이해하고 함께 느끼고 아파해 줄 수 있는 능력은 동정에서 비롯되며, 이 감정이입이야말로 자기에서 인류까지 자신을 확장시켜 가는 일이 된다.

(3) 정서적 안정성

성숙인은 정서적 안정성을 지님으로 인해 불안, 스트레스, 좌절 등을 효율적으로 해결할 수 있는 내적 통제력을 갖게 된다.

(4) 현실적인 지각

자신을 둘러싼 세계를 객관적으로 평가한다.

(5) 과업에 대한 기술과 할당

성숙인은 주어진 과업에 대해 적합한 기술을 사용할 줄 알며 무엇보다도 그 과업에 전력투구 한다.

(6) 자기의 객관화

자신에 대한 정확한 지식을 가지고, 주관적 자아와 실제 자아 사이의 관계에 대한 정확한 통찰력이 요구된다.

(7) 통합된 인생철학

미래지향적이며 장기 목표를 통해 계획을 세우고 행동한다.

04 사회적 성숙

1. 사회적 이해

① 성인은 자신이 속한 지역사회의 구조, 역동관계, 성격, 그 사회의 요구와 필요, 지리적·역사적·시대적 특수성에 의한 문화도 이해해야 한다.

② 성인은 그가 속해 있는 직장 사회, 국가 사회의 구조를 이해하고, 특유의 성격과 문화, 그 유래 과정과 변화 과정 등에 대한 정확한 지식을 갖고 있어야 한다.

2. 공민적 권리와 의무

① 개인은 사회 속에서 태어나 타인과의 관계 속에서 살기 때문에 누구나 독자적 개인인 동시에 공인이다.

② 성인은 공존의식을 갖고 사회의 이익과 자기의 개인적 이익을 조화시켜, 사회에 자기 능력을 동원하고, 건전한 사회 변화의 방향을 주도하고 협력해야 한다.

1. 직업발달

성년기는 대부분의 사람들이 처음으로 전 시간제의 직업을 갖게 되고, 경제적 자립을 이루는 시기이다.

(1) 직업발달의 이론

'커리어'라는 말은 '레이스코스'라는 의미의 프랑스 말에서 비롯된 것이다. 성인기의 취업과 안정이라는 발달 과업에 대한 정확한 인식을 가질 필요가 있다. 커리어(Career)와 직업(Job)이 동의어로 쓰인 적이 있었는데, 현대는 여러 번 직업을 바꾸는 사람들이 점점 늘어나고 있어 직업발달(Career Development)이란, 직업을 선택하고 직업에 대해 준비하는 과정이다.

(2) 절충이론(Ginzberg, 1951)

직업선택은 약 10~21세까지 일어나는 하나의 과정이며, 이 과정은 역행할 수 없고 욕구와 현실 사이의 절충으로 정점에 이른다고 한다. 직업발달의 단계는 시기에 따라 다르다.

① 환상적시기

약 11세 정도에, 직업선택의 근거를 개인의 소망에 두며, 능력, 훈련, 직업기회 등 현실적인 문제는 고려하지 않는 시기이다.

② 시험적시기

11~18세까지로 자신의 소망과 현실적인 문제까지 함께 고려한다. 즉, 직업에 대한 흥미, 능력, 교육, 가치관, 인생목표 등이다.

③ 현실적시기

18세 이후의 시기로, 특정 직업에 필요한 훈련, 자신의 흥미나 재능, 직업기회 등을 현실적으로 고려하여 직업을 선택한다.

2. 직업의 탐색과 선택

(1) 직업 탐색

다양한 직업세계에 대한 정보를 수집하여 각 직업 간 차이와 진로를 알아야 한다.

(2) 직업 선택

① 직업 세계에 들어가기 전에 이루어지는 과정

직업 선택은 어린 시절의 경험들, 자신이 꿈꾸는 미래, 사회경제적 지위, 지적 능력, 적성, 흥미, 성격 등 다양한 요인이 영향을 미치게 된다.

② 홀랜드(Holland)

가장 좋은 직업은 개인 특성(흥미, 성격, 적성)과 직업 환경(요구되는 자질, 작업 환경)이 조화를 이룰 때 가능하다. 홀랜드는 6가지의 직업과 관련된 성격유형 6가지는 리아섹(RIASEC)이며, 현장형(R), 탐구형(I), 예술형(A), 사회형(S), 진취형(E), 관습형(C)을 제시하였다.

3. 직업에서의 안정

① 직업에서의 안정은 자기가 추구하는 개인적 욕구와 직업에서의 요구가 일치되어야 하며, 직장의 인간관계, 작업 조건 등에 의해 영향을 받는다.

② 직장에서 발전하기 위해 보다 최신의 전문 지식을 스스로 습득하며 참신한 자격증, 선진 전문 기술도 지속적으로 습득하는 것이 중요하다.

③ 교육이란 학교 교육에 한정되지 않고 평생교육으로 변화되고 있다.

06 배우자 선택과 결혼

1. 사랑

(1) 스턴버그(Sternberg, 2006)의 사랑이란 성년기 남녀의 결혼 전 이성과의 관계는 사랑을 전제로 형성된다. 사랑은 친밀감, 열정, 헌신(결심)의 세 가지 요소로 구성되어 있다고 본다.

(2) 사랑의 삼각형 요소

① 친밀감

사랑의 정서 요소로 누군가와 가깝게 느끼는 감정이다. 상호 이해, 격의 없는 친밀한 대화, 정서 지원 등을 포함한다.

② 열정

사랑의 동기 유발 요소로 신체 매력, 성적 욕망 등을 포함한다. 열정은 사랑을 느끼는 순간 맨 처음 나타나며 사랑에서만 존재한다.

③ 헌신(결심)

인지 요소로 관계를 유지하기 위한 약속이며 결심이다. 결혼 서약은 평생 상대방을 사랑하겠다는 약속을 지키는 것이 헌신이다.

2. 결혼의 의의

(1) 결혼의 의의

인간은 결혼과 더불어 새로운 생활을 시작하기 때문에 결혼을 가리켜 제2의 탄생이라고도 한다. 자신의 가족을 떠나 배우자와 더불어 가족의 인간관계를 확대하는 계기가 결혼이라고 할 수 있다.

(2) 결혼의 동기

사랑, 경제적 안정, 정서적인 안정, 동반자, 자녀출산, 성적 만족, 보호받기 위해서, 사회적 지위를 얻기 위해서 등 다양하다.

① 개인적 동기

결혼은 인간에게 개인의 성적 만족과 정서적·감정적 안정을 가져다준다.

② 사회적 동기

결혼을 통해 사회적으로 종족 계승의 기능을 달성하고 사회적 공인을 얻도록 하는 것이 곧 결혼의 사회적 동기이다.

③ 전통적인 결혼에서 중요시했던 사항

결혼이란 집을 위한 결합, 부모를 위한 결합으로 부부가 될 남녀의 개인적 행복은 큰 문제가 되지 못했다.

(3) 독신 생활

① 독신을 원하는 이유

종교적인 생활, 전문적인 업무에 전념하기 위해 또는 다른 개인 사정 등으로 독신을 원하는 경향은 증대되어 가고 있다.

② 독신 생활 결정에서 고려해야 할 사항

고독감의 처리, 자기의 생계와 부양, 사회적 소외감, 독신에 대한 자신의 태도 변화의 가능성 등이다.

3. 결혼에의 준비

(1) 결혼 적령기

결혼의 필요성을 인정하고 절실하게 민감해지는 시기를 '결혼 적령기'라고 한다. 육체적 성숙도는 기준이 분명한 편이나 정신적 성숙도는 개인차가 크다. 우리나라 평균 초혼 연령이 늦어지고 있다.

(2) 결혼에 대한 심리적 준비

듀발(Duvall)이 제시한 결혼을 위한 준비도를 검사하는 항목은 다음과 같다.

① 기꺼이 성적 상대가 될 수 있는가?

② 자유롭게 성적 관계를 맺을 능력이 있는가?

③ 상대를 위해서 온정과 애정을 가질 수 있는가?

④ 상대의 정서 생활과 그 개발에 관심을 기울일 수 있는가?

⑤ 상대자와 친밀감을 나누어 가질 수 있는가?

⑥ 개인적인 계획에 상대를 고려할 수 있는가?

⑦ 상대의 개인적 특성을 현실적으로 이해할 수 있는가?

⑧ 결혼 후 경제적인 문제에 현실적으로 대처할 수 있는 자신이 있는가?

⑨ 결혼에 공헌, 나의 모든 능력을 최대한 동원할 마음이 되어 있는가?

⑩ 남편 또는 아내의 위치를 받아들일 준비가 되어 있는가?

(3) 배우자 선택의 동기

① 근접성: 학교, 서클, 교회, 여가 활동 등에서 친밀한 관계로 발전할 가능성이 높다.

② 이상상(理想像)의식: 특정인을 배우자로 결정하는 중요한 동기가 된다.

③ 보상에의 욕구: 자신의 단점을 보상할 수 있으리란 기대 경향이 크다.

④ 환경의 동질성: 경제적·사회적·문화적 환경이 유사할수록 동질적 요인은 배우자 선택의 주요 동기임에 틀림이 없다.

⑤ 성향의 동질성: 비슷한 가치관, 비슷한 취미를 가진 사람들끼리 애정으로 발전할 가능성이 높다.

4. 배우자 선택 시 고려할 점

① 건강: 결혼 전에 서로의 건강을 확인한다.

② 성격: 상대의 성격, 사회생활, 대인관계에서 원만한지 살펴본다.

③ 성장 배경: 개인이 자라온 그 가정의 심리적 환경이 해당된다.

④ 가치관: 건전한 이념의 가치관, 자연 행동, 성실, 책임감이 중요하다.

⑤ 연령: 시대와 문화적인 환경에 따라 연령 기준은 다르다.

⑥ 경제적 능력: 하나의 가정을 영위해 나갈 수 있는 능력을 말한다.

1. 가정 및 가족의 의의

(1) 가정이란, '한 개인이나 가족이 생활하는 장소'이다. 가정은 공간적 장소와 함께 그 속에서 가족들이 애정을 주고받으며 정서적 만족을 얻는 심리적 분위기를 포함하는 개념이다.

(2) 가족은 결혼, 출산 또는 입양을 통해 맺어진 두 사람 이상의 집단으로, 사회를 이루는 가장 기본적인 단위이자 우리 삶과 가장 가까운 사회 집단이다. 현대 사회는 독신가족, 이혼가족, 재혼가족, 한부모 가족. 무자녀 가족, 조손 가족, 다문화가족 등 다양한 형태의 가족이 나타나고 있다.

2. 가족의 특성

(1) 일차적 집단

쿨리(C.H. Cooley)에 의해 명명된 것으로, 구성원 상호간의 친밀한 관계로 그 내부에서 인성이나 태도가 형성되는 기본적인 역할을 수행할 수 있는 집단이다.

(2) 공동사회집단

퇴니스(F. Tönnies)가 사용한 개념으로서 구성원 상호간의 애정과 이해로 형성·결합되어 외적인 요인으로 인해 분열되지 않는 본질적 결합 관계를 유지하는 집단이다.

(3) 폐쇄적 집단

가족의 구성원이 되기 위해서는 일정한 혈연적 요건을 필요하다, 혈연관계는 관계를 임의로 포기할 수 없는 성격을 지닌다.

(4) 형식적·비형식적 집단

① 형식적 집단

특정한 관습적·제도적 절차에 의해 형성·운영되는 집단으로서 정해진 규범에 따라야 하는 집단이다.

② 비형식적 집단

구성원 서로가 애정으로 결합되어 관계가 자유롭고 솔직하며, 형식과 예절에 구속되지 않는 비형식적인 성격의 특성을 갖는다.

3. 가족의 기능

(1) 안식과 활력의 기능

가족은 가족원이 심신의 긴장을 해소하도록 도와주고 안정된 휴식과 재생산을 위한 활력 제공 등을 한다.

(2) 성과 생식의 기능

가족은 부부 중심으로 성적 욕구를 충족시키면서, 생식적 기능도 아울러 수행한다.

4. 자녀 양육과 사회화의 기능

(1) 가족은 자녀의 성장발달에 관한 지식과 기능을 갖추어서 수유기, 이유기, 배변훈련기 등 독립된 인간으로서 살아갈 능력을 갖출 수 있도록 양육한다. 또한, 사회 속에서 사회적 역할을 수행할 수 있도록 돕는다.

(2) 부모의 양육 태도가 자녀의 발달에 미치는 영향: 수용적 태도, 익애적 태도, 엄격하고 지배적인 태도, 거부적 태도, 과잉 기대적 태도, 경제적 기능 등 다양한 양육태도는 자녀의 발달에 영향을 미친다.

09 성인기의 발달: 예상 문제

01 다음 중 '레빈슨'의 성인기 구분 중 제2기의 정착기에 해당하는 시기는?

① 성인 전기 안정기
② 30대의 전환기
③ 성인 생활 시작 시기
④ 성인 초기 전환기

 정답 ①

해설 성인 초기의 열정기로 33~40세 시기이다. 개인은 가정과 직장 그리고 자신이 관심과 흥미를 가지고 있는 분야에 보다 깊은 개입과 책임감을 가지고 자신을 투자한다.

02 다음 중 발달 단계가 순서대로 바르게 연결된 것은?

① 성인기―장년기―중년기―노년기
② 장년기―중년기―성인기―노년기
③ 중년기―장년기―성인기―노년기
④ 성인기―중년기―장년기―노년기

 정답 ④

해설 발달단계는 성인기 ― 중년기 ― 장년기 ― 노년기 순서이다.

03 다음 중 성인기의 발달 과업에 해당되는 것은?

① 배우자를 선택하여 가정을 꾸미는 일이다.
② 자아에 대한 개념의 재수립이다.
③ 죽음에 대해 대비한다.
④ 동반자의 의식으로 배우자와 서로의 역할을 재조정한다.

정답 ①

해설 성인기는 한 개인이 신체적, 심리적으로 독립된 성인으로서 직업을 선택하고 배우자를 찾으며 공민의 자격을 갖추고 사회생활을 하면서 동시에 자기인생을 독자적으로 설계하고 실현 성취하도록 해야 한다.

04 개인 생애 중 특정 시기에, 행해져야 할 발달 과업으로서 '일정 과업의 성공적인 달성은 그 개인에게 행복감을 주며, 다음 단계의 과업 성취를 용이하게 한다.' 라고 연구한 학자는?

① 올포트
② 프로이트
③ 레빈슨
④ 해비거스트

정답 ④

해설 해비거스트는 개인 생애 중 특정 시기에, 행해져야 할 발달 과업은 '일정 과업의 성공적인 달성은 그 개인에게 행복감을 주며, 다음 단계의 과업 성취를 용이하게 한다'.

05 다음 중 자극과 반응의 연결 체제를 성숙 개념 정의의 기준으로 정리하여, 세운 이론은 무엇인가?

① 자아이론
② 심리사회성 발달이론
③ 학습이론
④ 정신분석학

정답 ③

해설 학습이론에서는 자극과 반응의 연결 체제를 개념 정의의 기준으로 잡고, 개인이 여러 가지 불안에서 해방되어 주위 자극에 대해 체계적인 반응을 보이는 것을 성숙이라고 했다.

06 '우드리'가 제시한 배우자 선택의 여과 이론 중 욕구와 성격 특성에서 서로의 단점을 보완해 줄 수 있는 사람을 선호하게 되는 단계는?

정답 상호 보완성

해설 상호 보완성 단계는 욕구와 성격 특성에서 서로의 단점을 보완해 줄 수 있는 사람을 선호하게 되는 것이다.

07 '퇴니스'가 사용한 개념으로 외적인 요인으로 인해 분열되지 않는 본질적 결합 관계를 유지하는 개념의 집단은?

정답 공동사회집단

해설 공동사회집단이란 구성원 상호간의 애정과 이해로 형성 • 결합되어 외적인 요인으로 인해 분열되지 않는 본질적 결합 관계를 유지하는 집단이다.

08 '자기성취인'은 자신의 재질, 역량, 가능성을 최대한 개발하고, 활용하려고 노력하며, 할 수 있는 사람이라고 정의한 학자는?

정답 매슬로우(Maslow)

해설 '자기성취인'은 자신의 재질, 역량, 가능성을 최대한 개발하고, 활용하려고 노력하며, 할 수 있는 사람이라고 정의한 학자는 매슬로우이다.

CHAPTER

10

중년기

중년기의 발달 과업

1. 자기의 확대와 신장

중년기는 성인 중기로 대략 40대 시기이다. 중년기는 훨씬 다양해지고, 넓은 무대에서 자신을 개척·흡수해서 자기 세계를 확대시켜 간다.

① 중년기에는 개방적인 마음으로 다양성을 받아들이고 흡수해서 자기 확대에 활용한다.

② 다양한 견해나 가치관의 차이를 인정하고, 관용과 함께 편견을 줄일 필요가 있다.

2. 가치관의 변화

① 중년기는 가치관의 변화를 주도하게 되며, 젊은 세대들에게는 모델로서 지각되고 평가받게 된다.

② 중년은 자신의 가정, 직장에서 생산적이고 창의적인 만큼 자기보다 어린 세대가 창의적이고 생산적이 되도록 자극해야 한다.

3. 동반자 의식의 결실

① 부부가 남녀의 결합이라는 의식보다는 동료 의식으로 발전되어 동반자 의식의 결실을 거두는 시기이다.

② 중년기에 들어서는 동질성을 더 많이 소유하는 부부가 되며, 보다 밀착된 운명 공동체, 동일체 의식을 발달시켜 갈 수 있다.

4. 개인의 발달 과업

(1) 중년기의 발달 과업

개인적 요구나 필요성뿐 아니라, 유기체 내부의 변화나 환경적 압력에 의해 생겨난 것, 10대 자녀가 책임감 있는 성인으로 성장하도록 도와주는 것, 성인으로서의 사회적 책임감을 성취하는 것, 직업적 경력에서 만족할 만한 성과를 거두고 유지하는 것, 여가시간을 활용하는 것, 배우자와의 관계에서 겪는 중년기의 생리적 변화를 수용하고 적응하는 것, 노화해 가는 부모에 대해 적응하는 것 등이다.

(2) 가족 단위로 생각할 때 중년기는 가족생활을 확장하고 가족 단위의 고유한 특성을 확립하는 시기이다.

1. 충분히 기능하는 사람

중년기는 인간으로서 자기의 경험과 능력과 기능을 더욱 통합하여 인생 목표의 방향 을 향해 완전 가동하는 인생의 절정기로, 중년의 역량은 완숙되고 통합적이며, 도전하고 획득하며, 풍요를 누릴 수 있다. 로저스(Rogers)는 완전히 기능하는 사람의 고유 특성이 바로 중년기의 인성적 특성이라고 주장하였다.

(1) 경험에 대한 개방성

① 중년기는 편견과 왜곡을 스스로 극복할 수 있는 연령으로서 다양한 인간의 경험, 사상을 인정하고, 이 다양성은 존중되어야 하며 공헌도가 크다는 것을 인정할 만큼 개방적이다.

② 절대 선이나 절대 진리에 대한 모순도 이해하며, 자기에 대한 타인의 비판에도 귀를 기울인다.

③ 안정된 정서를 바탕으로, 주위의 모든 사건·의견들을 받아들여 살펴보는 개방성이야말로 중년의 생산성의 절정을 이루는 기본 자질이 된다.

(2) 자기신뢰

로저스는 '자신이 가치가 있다고 느끼는 행동은 가치 있는 것으로 믿을 수 있음'이 자기신뢰라고 정의했다.

(3) 창의성

중년기는 끝없는 도전을 시도하고 좌절과 실패를 극복하는 의지력, 도전하고 개척하고 성취하는 과정에서 흥분과 긴장을 즐긴다. 중년기의 창의력인 개인은 자기를 확대시키고 성취할 수 있다.

(4) 선택과 행동의 자유 의식

심리적으로 건강한 사람은, 보다 많은 선택과 행동, 사고에서 자유로울 수 있다.

(5) 실존적인 생활 태도

실존적인 태도로 살아가는 중년은 그의 자아 구조가 개방적이기 때문에 항상 새로운 경험들을 자기 확대 및 성취로 통합하여'새로운 자기'를 만들어 나간다. '이상이란 것은 나 자신이 살아가고 있는 현실의 실천이다'라는 태도를 취하게 된다.

2. 성취인

(1) 성취인의 행동 특성

① 미래지향성

장기적인 계획을 세우고 미래에 얻게 될 만족을 기대하며 자기의 능력과 노력을 투입하는 일에 열중한다.

② 결과에 대한 추구

과업의 성공, 실패 여부를 불문하고 결과에 대한 구체적이고 객관적인 정보를 추구하며 정확한 판단을 내리려고 한다.

③ 자기 책임감

실패의 원인을 자기 책임으로 돌리고 다음의 과업에 참고로 활용한다.

④ 과업 지향성

성취적인 개인은 자기의 능력을 적절하게 활용할 수 있는 일, 보다 의미를 찾을 수 있는 일에 흥미를 느낀다. 과업을 성취함으로써 자신의 탁월성을 과시하고, 평가받는 것을 가장 중요하게 생각한다.

⑤ 적절한 모험성

보다 어렵고 새로운 문제를 좋아하기 때문에 도전하는 일에는 항상 어느 정도의 모험이 포함된다.

⑥ 자신감

과업을 맡는 과정에서 자기 능력에 비추어 과업의 수준을 검토하는 과정, 정보를 통해 나름대로 확실한 계획과 전망을 가지게 된다.

⑦ 정력적 혁신성

혁신적인 과업에 흥미를 느끼며, 창의성을 요구하는 일에 적극적인 반면, 단순히 현상 유지에 그치는 일에는 관심을 갖지 않는다.

(2) 성취동기의 육성

어떤 훌륭하고 어려운 일을 열심히 지속적으로 성취하겠다는 의욕, 성취동기가 자기 생활에 중요하다는 것을 깨닫고, 그것에 대한 가능성, 의욕, 신념을 가지고 있을 때 성취동기는 잘 육성된다.

* 하버드대 맥클레란드(Mclelland)교수는 연구, 성취동기 육성 원리
  ① 목적의식: 학습자가 성취동기를 육성시켜 보겠다는 의욕과 신념을 사전에 가지고 있을 때 성공할 가능성이 높아진다.

  ② 중요성 인식: 성취동기가 개인, 조직, 국가 발전을 위해 현실적으로 요구되고 있다는 사실을 인식하면 성취동기 육성의 가능성은 높아진다.

  ③ 분명한 개념: 성취동기라는 개념을 명확하게 파악하고 있어야 동기를 보다 쉽게 습득 할 수가 있다.

  ④ 사고와 행동의 일치: 새롭게 육성한 동기가 일상에 수행하는 행동에 연결될 수 있도록 하면 그것을 육성하려는 노력은 성공할 수 있고 또 그 효과는 오래 지속된다.

  ⑤ 취동기의 실생활에의 구현: 성취적 사고와 행동을 일상생활 현장에 구현시킬 수 있어야 성취동기 육성은 효과적이고, 오래 지속될 수 있다.

  ⑥ 성취동기와 문화: 성취적 사고와 행동을 그 사회 문화가치관의 향상으로 인식하는 개인에게 성취동기 육성의 가능성은 높아진다.

  ⑦ 목표 성취 노력과 새로운 동기 형성: 어떤 구체적인 성취목표를 설정하고 그 목표를 달성하려고 노력할 때 보다 큰 영향을 미친다.

  ⑧ 결과에 대한 관심도: 개인이 설정한 성취목표의 달성 과정을 상세히 기록하고 과정을 명확히 파악하고 있을수록 새롭게 형성된 동기는 장차의 사고와 행동에 계속해서 영향을 미칠 가능성이 높다.

  ⑨ 온정적·지지적인 인간관계: 개인 자신이 성취적 행동을 수행할 수 있는 능력을 가진 사람임을 타인에게 인정을 받고 존경받게 되는 경우 동기는 오래 지속된다.

03 사회적 공헌

1. 공헌의 의의

① 중년기는 지역사회의 기관, 교회, 학교, 복지기관 등에도 관여하면서 자기 직업에서도 고도의 능률을 발휘하는 시기이다. 중년기는 사회적 공헌이 가장 크고 사회적 공헌에 대한 욕구도 가장 강할 때이다.

② 중년기의 건강, 능력, 경험의 통합은 창의성, 생산성이라는 형태로 나타나 창의적 활동에서 큰 성과를 거두며, 가장 풍부한 업적들을 남기게 된다. 인생의 황금기인 중년기 개인의 내적·외적 조건은 사회의 주역으로서의 역할을 기대하게 한다.

2. 사회의 주역

① 중년은 연령상으로는 사회의 중진급에 속하며, 사회생활의 경험으로써도 직장에서 핵심적인 지위를 차지할 때이다.

② 중년들이 발전적 가치관을 갖고 사회를 주도한다면 사회가 지향하는 방향도 미래지향적이며 보다 개방적이며 활달한 사회가 될 수 있다.

③ 다양하고도 의미 있는 사회활동에 참가하여 중요한 역할을 맡아 수행하면서 사회적 관심을 보다 성숙시켜 나간다.

3. 사회적 관심의 확대

① 중년은 그가 처한 사회에서의 지위나 담당하는 일의 중요성으로 보아 이전의 어느 시기보다 이타적인 태도를 취하게 된다.

② 사회 발전을 지연시키는 사회 계층 간의 차이, 즉 빈부격차의 감소 문제, 청소년 범죄 문제, 소수 약체 계층의 복지 문제 등으로 관심이 확대된다.

1. 동반자 의식의 강화

(1) 동반자 의식이 강화되는 이유

① 성인기의 자녀 출산과 양육에 대한 육체적 정신적 부담에서 어느 정도 해방될 수 있다.

② 성장하는 자녀로 인한 공통된 만족감을 찾을 수 있다.

③ 오랜 기간의 부부 생활로 식성, 취미 생활 등 여러 특성들이 동질화되어 감에 따라 심리적 공감대가 더욱 넓혀진다.

④ 가정생활의 상보적 관계나 역할 수행에 익숙해져 있다.

(2) 반려의 의식을 결실을 맺기 위한 부부의 태도

① 상호 존중의 태도

서로를 인격적으로 대우하는 존경과 애정의 태도가 필요하다.

② 내조와 외조

동반자에 대한 긍지와 자부심을 지니는 계기로 받아들여 서로의 발전을 격려하는 적극적인 자세가 필요하다.

③ 일체감의 발달

양보와 이해. 타협을 모색하고, 노력하는 태도는 자신과 가족을 위해 중요한 의미를 지닌다.

2. 이혼과 재혼

중년기의 이혼은 재혼을 전제로 하는데 계모와 자녀의 갈등과 마찰 등 적지 않은 가족 문제를 야기할 가능성이 있다.

(1) 이혼의 이유

가족 간의 관계에서 일어나는 갈등을 성공적으로 처리하지 못할 때, 지향하는 생활 유형이 다를 때, 목표에 공통점을 찾지 못할 때, 경제적 문제, 부부간의 공감대가 형성되지 못할 때 이혼을 시도한다.

(2) 이혼관의 변화

최악의 경우에 최후의 해결책이라는 태도에서 시행착오적 과정으로 보는 태도로 바뀌었다.

(3) 이혼의 증가

우리나라의 경우도 예외는 아니어서 해마다 이혼율은 꾸준히 증가하고 있는 추세이다.

(4) 이혼과 재혼에 따른 문제

부부가 이혼은 부성, 모성 실조의 문제가 따르고 재혼을 했을 경우 계부나 계모와의 관계에서 자녀가 제대로 적응하지 못해 정서적 문제를 일으킬 수도 있다.

성숙된 부모의 역할

1. 부모의 역할 규범

중년기는 대체로 자녀의 출산을 마치고 자녀의 양육과 교육에 주력하게 된다.

(1) 부(夫)의 역할

① 도구적(수단적) 역할을 담당하고 대체로 가정의 경제적 담당자로서 생활비를 조달

② 자녀들의 사회적 지위의 표본

③ 자녀의 동료적 역할

④ 이성적이고 공정한 판단자의 역할

(2) 모의 역할

어머니는 자녀의 양육과 사회화에 있어서 보다 중요한 역할을 한다.

① 자녀의 인성 형성에 중요한 영향을 미치며, 인성의 형태를 결정

② 자녀의 사회화 과정에 있어서 최초의 그리고 가장 장기간의 대행자 역할을 담당

③ 자녀에 대해서 표현적(정서적) 역할을 담당

④ 자녀의 건강과 위생 담당자의 역할

⑤ 교량적 역할

2. 학부모로서의 역할

중년기는 자녀의 학교생활에 대한 적응, 교우관계, 자녀의 자아개념 형성, 역할학습 등의 문제에 당면하게 된다. 이것이 부모-자녀관계의 갈등과 불협화음을 야기시키는 원인도 된다.

(1) 보호자

① 중년기는 자녀의 신체적·지적·정서적·도덕적 발달이 제대로 이루어지도록 보호와 지원을 해야 한다. 자녀의 진로는 지나치게 큰 기대를 표명하는 것, 지나치게 본인의 의사에만 맡기는 것도 유의해야 한다.

② 성숙된 부모는 자녀에게 수용적이며, 적절한 관심과 애정을 표시하며, 부모 자신이 자녀와 함께 성장과 발달에서 겪는 감동을 경험하면서 함께 인생을 탐색하고 개척해야 한다.

(2) 상담자

① 자녀는 학업문제, 친구관계, 이성문제 등에 부딪힐 때 부모의 조언과 협조를 기대한다.

② 아동기에는 밀착되었던 부모-자녀의 관계도 자녀가 성장함에 따라 소원해질 수 있지만, 이성의 부모보다 동성의 부모와 더 교류하기도 한다.

③ 부모가 상담자가 되기 위해서는 자녀와의 대화 기술이 요구된다.

④ 부모 자녀 간의 심리적 유대를 강화하기 위해 자녀에게 불필요한 간섭을 하며, 부모 자신의 불안감을 해소하려고도 한다.

(3) 역할 교육자

자녀는 부모를 동일시하면서 성역할을 학습한다. 부모는 자녀에게 이성을 배우는 기회를 제공하는 역할을 한다.

3. 부모 자녀 간의 갈등

중년기 가족이 당면하는 문제는, 자녀들이 성장해서 사춘기, 청년기로 접어들면서 심리적 독립에의 욕구가 증가함에 따라 부모 자녀 간의 갈등은 더욱 심해질 수 있다.

(1) 생활 의식의 차이

연령 차이에 따른 시대적·문화적 차이의 갈등을 해결하기 위해 사회의 변화에 적응하고 자녀와 대화로서 융합되어야 한다.

(2) 생활양식의 차이

이상과 현실을 구별하는 기성세대와 이상을 관철하려는 자녀와의 차이에서, 부모는 이해와 관용으로 수용해야 한다.

(3) 부모의 권위의식

① 가족 내에서 부모가 자녀들에 대해서 관장하는 권위는 포괄적이며 무제한적이다.

② 사회 집단에서의 권위적 관계가 부분적이며 공적인 지배임에 반하여 부모의 권위는 전제적인 것이다.

③ 자녀의 성숙 수준을 잘 파악해서 자녀의 의사결정만으로 가능한 범위의 문제에 대해서는 자율권을 부여해 준다.

06 가정생활의 확장

1. 확장의 의의

① 가족생활의 측면에서 볼 때 중년기는 가족관계가 확장되며, 가족 집단의 성격이 안정을 찾게 되는 시기이다.

② 사회·경제적으로 안정된 지위, 가정경제의 안정화, 자녀들의 교육비가 요구되나 가정의 수입 증가하는 등, 이 시기를 인생의 황금기로 여긴다.

2. 사회·경제적 안정

① 중년들은 사회적·경제적 지위가 상승되고, 수입도 늘게 되어 가정의 경제 활동도 보다 윤택해질 수 있다.

② 기혼 여성의 취업이 늘어가고, 여성의 전반적인 취업률이 증대되는 현대는 여성의 사회발전과 가정의 경제적 안정에 기여를 할 수 있다.

③ 부모의 사회경제적 지위는 그 가족에 대한 평가 기준이 되기도 하는 데, 사회적 활동의 확장과 지위의 상승은 가족집단으로 하여금 긍지와 자부심을 가질 수 있다.

3. 가족 집단의 성격 결정

(1) 가풍의 형성

선대 조상이 구축하여 후손 대대로 지켜지기를 희망하는 정신적인 유산, 즉, 가풍을 물려받는다. 가풍은 무형적이며, 폭이 넓고도 깊은 것으로, 중년기에 지키고 발전시키고 변모시켜야 할 중요한 과업 중 하나이다.

(2) 가정환경 조성

① 물리적 환경

중년이 가진 취향, 기호, 직업에 의해 각기 다르게 나타나며 가족 수, 가족 유형에 따라서도 다르다. 재화적 환경으로서 부모의 경제적 능력, 가치관, 가족 형태, 가족

수에 따라서도 달라질 수 있다.

② 심리적 환경

흔히 민주적 비민주적으로 표현되며, 가족관계에서의 화목 정도, 부모 자녀 간의 친밀도, 자녀에 대한 수용적 태도, 부부간의 조화 등 다각도, 다면적으로 평가된다.

(3) 가족 문제와 응집력 강화

① 가족 문제

- 고부관계에서의 문제: 한국 가족의 구조적 특성과 관련해서 필연적인 문제가 되고 있으며, 부부관계문제도 고부관계의 불화에서 기인한다.

- 부모−자녀관계의 문제: 우선 자녀의 사춘기적 증세에서 자녀와 부모가 함께 겪는 문제와 자녀의 학교생활과 진로선택에서 문제가 있을 수 있다.

- 경제생활에서의 문제: 가족을 부양하는 책임을 지고 있던 가족원의 실직 또는 사업의 실패나 불의의 사고, 질병, 재난으로 생기는 문제이다.

② 가족원의 응집력

중년은 여러 가지 예기치 못한 재난에 대비하는 대책들, 불의의 재난에 부딪힌 경우, 전 가족원의 협력과 지원을 통한 가족원의 응집력, 일체감을 강화하는 주도적 역할을 해야 한다.

10 중년기의 발달: 예상 문제

01 다음 중 가장 활발한 사회생활을 유지하는 시기로, 자기 확대와 성취, 성숙된 부모 역할, 가족생활의 확장이 발달과업으로 강조되는 인간의 발달 단계는?

①장년기
②중년기
③성인기
④청년기

정답 ②

해설 중년기의 과제는 자기 확대와 성취, 사회적 공헌, 중년 부부 관계, 성숙된 부모의 역할, 가족생활의 확장이다.

02 다음 중 중년기의 특징을 가장 잘 표현한 것은?

① 자기 세계를 확장시키고 가치관의 변화를 주도한다.
② 신체적 능력에서 정점에 이르는 시기이다.
③ 인생의 개척기라 할 수 있다.
④ 보다 나은 사회적 지위로의 이동을 위해 자신의 능력 개발과 자기 발전을 추구하는 시기이다.

정답 ①

해설 성인기가 신체적 능력에서 절정에 이르는 건강과 쾌적의 시기라면 중년기는 자기의 세계를 확대시키며, 가치관의 변화를 주도하게 된다.

03 다음 중 중년기의 발달 과업으로 적당하지 않은 것은?

① 완전히 기능하는 사람
② 성숙된 부모로서의 역할
③ 젊은 세대의 모델
④ 자아 정체감과 자기중심성

정답 ④

해설 중년기의 발달 과업은 성숙된 부모로서의 역할, 사회에 대한 능동적 활동, 젊은 세대의 모델, 완전히 기능하는 사람이다.

04 다음 중 다양한 인간의 경험, 사상을 인정하고, 절대 선이나 절대 진리의 모순을 이해하며, 자기에 대한 타인의 비판에 귀를 기울일 수 있는 중년기 완전히 기능하는 사람의 특성에 해당되는 것은?

① 자유의식
② 자기신뢰
③ 독립성
④ 개방성

정답 ④

해설 주위의 사건이나 의견들을 받아들여서 살펴볼 수 있는 개방성이야말로 중년이 생산성의 절정을 이루는 기본 자질이 된다.

05 다음 중 중년기 성취인의 행동 특성과 관계없는 것은?

① 자기 책임감
② 지위 지향성
③ 과업 지향성
④ 적절한 모험성

정답 ②

해설 성취인의 행동 특성은 자기 책임감, 과업 지향성, 적절한 모험성, 자신감, 정력적 혁신성, 결과에 대한 추구, 미래지향성이다.

06 로저스(K. Rogers)가 제시한 다음과 같은 인성을 가진 사람은 무엇이라 하는가?

> ㉠ 선택과 행동의 자유 의식
> ㉡ 실존적인 생활 태도
> ㉢ 경험에 대한 개방성
> ㉣ 창의성
> ㉤ 자기 신뢰

정답 완전히 기능하는 사람

해설 로저스(Rogers)가 제시한 완전히 기능하는 사람의 특성은 자기 신뢰, 경험에 대한 개방성, 창의성, 선택과 행동의 자유 의식, 실존적인 생활 태도이다.

07 진정한 동반자로서의 의식을 부부 관계에서 이룩하는 시기는?

정답 중년기

해설 중년기에는 자녀들이 어느 정도 성장하며 학교에 다니게 되고 심리적으로도 부모에게 덜 의존적이 되면서 부부는 전보다 더 밀착된 관계로 발전해 간다.

08 중년기 '성취인'에서 "자기의 능력을 적절하게 활용할 수 있는 일, 의미를 찾을 수 있는 일에 흥미를 느낀다. 과업을 성취함으로써 자신의 탁월성을 과시하고, 평가받는 것"을 가장 중요하게 생각하는 특성은 무엇인가?

정답 과업 지향성

해설 자기의 능력을 적절하게 활용할 수 있는 일, 보다 의미를 찾을 수 있는 일에 흥미를 느낀다. 과업을 성취함으로써 자신의 탁월성을 과시하고, 평가받는 것" 을 가장 중요하게 생각하는 특성은 과업 지향성이다.

CHAPTER

11

장년기

장년기는 성인 후기 즉, 40대 후반에서~65세 이전 시기로, 경험과 경륜을 바탕으로 장년들은 직업적 성취를 이루고, 상당한 책임감, 급진적 변화를 억제하고 신중하다. 호르몬의 불균형으로 신체적·심리적·사회적인 능력이 퇴보하거나 변화된다. 안정된 '자기상(self-image)'을 내재화하고 열정적인 일보다는 새로운 형태의 놀이를 모색하고 자신이나 타인과 긍정적이고 조화로운 관계를 유지하는 것이 중요한 시기이다.

① 장년기는 자아개념을 재수립하고 능동적인 생활 태도를 고취시켜주는 여러 재훈련 프로그램이 제공될 필요가 있다. 중요한 것은 장년 자신의 자기 가치에 대한 내적 깨우침을 갖는 것이다.

② 장년기는 개인적으로나 사회적으로 그 동안 축적한 풍요한 경험으로 최고의 지위를 점유하고 최선의 역할을 수행하는 시기이다.

③ 장년기의 신중성이 많아 젊은 세대의 눈에는 보수적이고 폐쇄적이며 현상 유지만을 시도하는 안일한 태도로 보일 수도 있다.

④ 장년기는 갱년기적 증상으로 기본 체력 감퇴, 성인병의 위협, 감각 기능 노화의 현상들을 겪으면서 생활 의욕이 감퇴, 적극적인 생활 자세가 위축되기 쉽다.

⑤ 부부간 동반자 의식을 더욱 성숙시키는 것이 중요한 발달 과업이다. 또한, 장년기에는 자기 쇄신과 발전을 향해 계속 정진해야 한다.

1. 신체의 변화

① 신체의 힘과 지구력이 감소하고 젊음의 특징인 활력을 잃어 간다. 신체의 근육조직 이 감소하고 지방 조직이 증가하면서 살이 찌고, 팔과 다리가 가늘어지는 현상이 나 타나기도 한다.

② 갱년기에는 피부 탄력성이 떨어지고 눈가, 입 주변, 이마에 주름이 생기기 시작한 다. 머리카락의 양도 감소하고 흰머리가 많아지며, 치아와 잇몸이 마모되고, 체모 가 뻣뻣해진다.

2. 감각 기능의 변화

(1) 시각

일정하게 시력이 유지되다가 40대 중반부터 원시성 시각으로 변하기 시작한다. 중년 기부터 수정체의 탄력성이 감소하게 되어 가까운 물체를 잘 보지 못하게 되며, 백내장 위험이 증가된다.

(2) 청각

50세 전, 후 부터 감소하기 시작한다. 낮게 울리는 소리를 듣는 능력은 일정하지만, 남 성은 고 음조 소리에 청각 예민성을 상실한다.

(3) 기타

미각은 50세경 감소하기 시작하지만 그 변화는 그리 크지 않다. 후각은 기본 감각으로 노년기에 이르러 다소 감소하게 된다.

3. 인지 기능의 변화

장년기의 지적인 인지기능은 증가하는가? 인지기능은 감소하는가? 끊임없이 연구되고 있다. 정상적인 노화 과정은 누구나 진행되고 변화한다. 활동적이고, 신체적·정신적으로 건강하며, 식습관, 건강습관 등 생활습관이 장년기 인지기능에도 매우 중요하다(Adams, 1991).

(1) 기억

연령이 증가하면 기억이 서서히 감퇴한다. 외부정보를 기억 속에 저장하는 회상과정은 부호화(Encoding), 저장(Storage), 인출(회상Retrieval) 능력이다.

① 부호화과정

연령이 증가하면 부호화 과정에 변화가 온다. 즉, 세세한 부분까지 부호화하지 않고 좀 더 요약된 정보를 저장한다는 것이다.

② 저장

저장과정은 정보를 쌓아 두는 과정으로 감각기억, 단기기억, 장기기억 세 과정으로 나뉜다. 개인차는 있지만 연령 차이에 따라 장기기억 정보를 인출하지 못하고 감소되는 것으로 보고된다(Poon, 1985).

③ 인출과정

연구결과 연령이 증가할수록 정보의 인출이 어렵고 인출(회상)능력이 감퇴하는 것이다.

4. 질병

① 장년기에는 만성적 흡연 및 음주와 관련된 건강 문제들이 나타나며, 간장 및 소화기 질환, 갑상선암이나 위암, 폐기종, 심장 및 혈관 질환 등이 많이 나타난다. 50대 후반의 사망 원인은 심장 및 혈관 질환 등이다.

② 원인별 사망 확률을 살펴보면 악성신생물(암), 순환계 질환, 호흡기계 질환, 심장 질환, 뇌혈관 질환 등이 높다.

5. 남성과 여성의 갱년기

갱년기는 노화의 신체장애를 경험하는 시기로, 여성의 생식 능력의 중단과 남성의 성적 활동이 감소되는 중요한 생리 변화가 일어나는 때이다.

(1) 여성의 갱년기

① 여성의 갱년기는 폐경 전 생식이 가능한 상태부터 폐경 후 생식 능력이 상실된 상태로 변화되는 시기를 말한다. 호르몬과 생리 현상이 불규칙해지고 폐경 이후 다시 안

정을 찾을 때까지의 1~2년 후 기간을 말한다.

- 여성의 갱년기를 '메노포즈 신드롬'이라고 한다.

② 폐경은 월경의 종료를 말하며, 모든 여성에게 일어나는 생리 변화로 여성의 갱년기
는 평균 48세 전후 5~10년이다. 폐경의 증상은 안면 홍조, 야간발한, 요실금, 불
안, 과민, 우울, 피로, 골다공증, 건망증 등이다.

(2) 남성의 갱년기

남성도 50대가 지나면서 갱년기 변화 증상이 존재한다. 테스토스테론 생성 능력은 매
년 1%씩 감소, 정자의 수 감소, 정력 감퇴, 신경과민, 우울, 피로, 불안, 어깨를 짓누르
는 심리적 부담감 등이 나타날 수 있다.

- 할버그(Hallberg,1980)는 남성의 갱년기를 '메타포스 신드롬'이라 한다.

(3) 갱년기의 적응

① 건강관리와 함께 인생 주기에서 겪게 되는 필연적인 갱년기 과정임을 인식하고, 긍
정적인 태도로 받아들이는 자세가 필요하다.

② 장년기는 인격의 완성만이 아니라 인생의 완성기라고도 할 수 있는 만큼, 이 시기
신체적 감퇴로 인한 손상감을 정신적 성숙으로 전환시켜, 완전한 자신을 형성하는
노력으로 승화시켜 가야 한다.

03 자기 쇄신과 발전

1. 자아개념의 재수립

(1) 갱년기적 신체 및 정신 변화

중년기까지 거의 느낄 수 없었던 신체적·정신적 능력의 쇠퇴를 경험하면서 자기에게 가장 가치 있었던 부분들을 상실해 간다는 생각으로 심한 정서적 갈등, 불안을 겪게 된다.

(2) 자녀의 독립

자녀는 학업, 결혼, 취업 등 부모의 정신적 보호 그늘에서 벗어나 독립한다. 자녀의 독립은 부모의 물질적·정신적 부담을 덜어 주고, 자녀를 키워온 보람이 있으나, 상실감·손상감등 충격을 줄 수 있다.

(3) 긴장감 감소

사회의 안정된 지위, 가정생활 안정을 찾게 되면서 자신의 존재 의미에 대해서 재평가한다. 자아에 대한 회의, 우울증, 신경증적 증세, 잃어버린 지난 시간에 대한 집착, 과도한 운동으로 체력을 소모하는 사람도 있다.

2. 발전적 생활 태도

(1) 개방적 자세

장년은 지금까지의 경험에서 터득한 지혜를 통해 사회·경제적으로 성숙된 지위, 직업이나 가정에서 최고지도자의 위치, 젊은 세대의 참신한 아이디어에서 보수적이 될 수 있다. 타인을 무시하는 듯한 조언이 권위의 명령으로 나타날 수도 있다.

(2) 미래지향적 태도의 도모

장년기의 개인은 새로운 모험을 시도하기보다 익숙한 방법을 고수하여 현재 지향적인 태도를 취하기 쉽다. 끊임없이 자기 쇄신을 도모하는 미래지향적 태도를 지닐 필요가 있다.

3. 지도자적 특성

(1) 지도자로서 갖추어야 할 특성

① 스톡딜(Stogdill)

지도자의 위치에 있는 상당 수 사람들은 지성, 학식, 책임감, 활동력, 사회참여 등 다른 구성원보다 우월한 측면이 있다.

② 깁(Gibb)

지도자의 특성이라는 것은 어떤 특정 상황에 따라 결정되는 인성적 특성의 일부 또는 전부가 될 수 있다는 연구.

③ 배스(Bass)

모든 상황, 모든 문화에 있어서 특성을 지닌 사람이 지도자가 된다는 연구.

④ 기셀리(Ghiselli)

독자적으로 행동, 자신감을 갖고 있는 지도자는 조직의 목표 달성에 성공적인 참여를 보이며, 지도자의 언어 능력, 판단 능력이 특히 중요한 의미를 지닌다는 연구.

⑤ 피들러(Fiedler)

성공적인 지도자는 비성공적인 지도자보다 총명하고 우수한 구성원을 판단하는 데 더 능숙하고 구성원과 자신과의 관계 유지도 원만하게 해나간다는 연구.

(2) 민주적 지도자의 특성

책임감, 활동성, 지성 및 지구력, 사교성, 의지력, 분석력, 판단력, 자제력 및 열의 등이 있다.

1. 직업적 성취

장년은 일이라는 영역에서 최고조의 능률과 성취를 이룩하게 된다.

① 프로이트(Freud)

정상인이 지니는 가장 중요한 능력은 사랑할 수 있는 능력과 일할 수 있는 능력이다.

② 킴멜(Kimmel)

직업생활의 주기를 설명, 3대 전환점으로 성인기의 직업 지위 획득, 장년 초기의 직업에의 재검토 경향, 노년기의 은퇴이다.

2. 대인관계의 확장

① 원만한 대인 관계: 상호간의 욕구, 관심, 문제 등 서로 공유함으로써 개인이 자신의 삶에 적응하고, 위기에 대처해 나가는 원동력을 제공한다.

② 장년의 개인은 대인관계의 폭을 최대로 넓힐 수 있으며 그 깊이 또한 충실해진다.

3. 녹스(Knox)가 제시한 우정 관계의 성격

① 경험적 관계: 생활 경험의 공유 영역이 넓어서 형성된다.

② 호혜적 관계: 서로 의지하고 지지해 주며 인정해 주고 신의를 지켜줌으로써 형성된다.

③ 양립적 관계: 호의와 즐거움을 가짐으로써 형성된다.

④ 구조적 관계: 지리적 근접성, 장기적인 상호작용, 상호작용의 용이성 등으로 형성된다.

⑤ 비대칭적 관계: 한쪽이 다른 한쪽의 역할 모델로서 형성된다.

05 장년의 부부관계

1. 동반자 의식의 성숙

(1) 성인 자녀들이 결혼을 하고 새로운 가정을 형성하며, 분가를 하게 되므로 장년기 부모들은 물리적·심리적으로 커다란 공허감을 갖게 된다. 부부는 동질의 연민과 소외 의식을 나누어 가지면서, 인생에서 어느 정도 책임을 다하였다는 보람을 느끼게 된다.

(2) 갱년기적 증상에서 나타나는 건강 문제 등으로 배우자의 배려와 협조와 헌신적인 봉사까지 요구하게 되어 부부관계는 더욱 가까워진다.

(3) 부부는 대체로 동반 외출이 점점 잦아지고 독서, 종교 활동, 취미 생활 등 모든 영역에서 가장 무난하고 미더운 동료이며 친구가 되어 간다.

2. 황혼 이혼과 재혼

(1) 황혼 이혼

황혼 이혼은 자녀들이 출가하였거나 대학생이 되어 독립할 수 있게 된 후의 이혼을 포함한다. 대체로 결혼 생활을 20년 넘게 해왔던 50대 이상의 부부가 혼인 관계를 해소하는 것이다.

① 황혼이혼은 남성 중심의 가부장적 삶과 집단주의 사회에서 참고 살았던 여성들의 의식이 양성평등의 사회 정서와 맞물려 일어나는 현상이다.

② 평균수명의 증가와 함께 여성은 자신의 생을 스스로 선택하고자 하는 욕구, 여성의 사회적 지위가 향상되고 경제활동 기회가 늘어나는 현상, 여성뿐 아니라 남성도 황혼 이혼을 신청하는 사례가 많다.

(2) 재혼

황혼 이혼의 증가와 함께 황혼 재혼이 늘고 있다. 이혼 후 남은 긴 시간 함께 동반자적 역할, 젊을 때 앞뒤 돌아볼 겨를 없이 살아온 시간을 만회할 문화와 정서를 함께 할 수 있는 친구역할도 중요시한다.

06

가정생활의 변화와 성숙

1. 자녀와 노부모와의 관계

(1) 자녀와의 관계

자녀가 성인이 된 만큼, 부모가 자녀를 대할 때도 한 사람의 성인으로 대하는 태도가 요구된다. 부모는 자녀를 지원해주는 협조자, 상담자로서의 역할이 요구된다.

(2) 노부모와의 관계

① 장년기 부모에게 예전처럼 더 이상 의지할 수 없고, 부모가 자녀에게 의지한다는 것을 깨닫게 된다. 부모가 신체의 노화나 질병으로 경제, 심리적 측면에서 의존하는 시기이므로 부양자로서의 역할이 강조된다.

② 노부모를 위한 부양

- 경제적 부양: 노부모를 부양해야 하는 시기가 자녀들의 결혼 비용 부담과 자신의 노후를 위한 저축을 해야 하는 시기가 겹치고 있어 노부모의 경제적 부양을 성실히 이행하기 쉽지 않은 상황이다.

- 정서적 부양: 노부모는 배우자의 죽음, 역할 상실, 건강 악화 등 고독감, 소외감을 경험하게 된다. 노부모의 감정과 정서적인 소외감과 외로움을 해소하며, 인격적, 정서적 욕구의 충족을 제공하는 부양을 하는 것이다.

- 신체적 부양: 연령이 증가할수록 신체 기능의 저하와 질병의 증가로 다른 사람에게 의존적일 수밖에 없고, 가족의 도움을 필요로 하게 된다.

2. 분가와 재정리

(1) 분가

성인이 된 자녀가 배우자를 선택하여 결혼하고, 경제적으로 독립된 생활을 할 수 있게 되면, 새로운 세계를 위해 분가를 시키게 된다.

(2) 재정리

외형적으로 집이나, 심리적인 재정리가 필요하다. 자녀들의 독립된 생활이 부모에게는 애정의 단절, 서운함으로 다가설 수 있으므로, 장년들에게 중요한 심리적 재정리의 문제가 된다.

3. 조부모로서의 역할

(1) 조부모의 역할

장년들은 성인의 부모인 동시에 유아(幼兒)의 조부모가 된다. 조부모가 된다는 것은 가정 내의 지위 변화가 생기는 것을 의미하며, 자녀에게 귀중한 경험과 지혜를 나누어 주는 교사로서의 역할도 요구된다.

(2) 문화인류학자인 미드(M. Mead)는 문화의 전승과 발전에는 양성 삼세대(조부, 조모, 부, 모, 자식)가 각기 자기 위치에서 제대로 활동을 하면서 서로 밀도 있는 인간관계를 유지하는 경험이 필요하다고 주장한다.

07 경제적 안정 유지와 준비

1. 경제적 책임

장년기는 자녀의 교육과 결혼 등 부모로서 자녀를 위해 져야 하는 가족 대소사를 성공적으로 수행하기 위해서 경제적 부담이 요구된다. 가정의 수입·지출곡선을 비교해 볼 때, 수입이 최고에 이르지만 오히려 지출 분이 수입 분을 초과하는 가정도 많다.

2. 은퇴 준비와 노후 대책

(1) 장년기 은퇴 준비

은퇴는 단순히 직업의 상실이라는 차원을 넘어 새로운 신체적, 심리적 적응이 필요한 생애의 일대 사건이다. 은퇴에 대한 재사회화와 자아정체감의 재확립이 중요하다. 은퇴 계획은 인생이 즐겁고 성공적인 것이 될 수 있도록 인생을 설계하며, 재정적, 신체적, 정서적 문제의 영향을 최소화할 수 있도록 은퇴 준비를 해야 한다.

(2) 장년기 노후 대책

① 은퇴로 소득이 중단되지만 지출은 꾸준히 이루어진다. 약 60세 은퇴 후, 30~40여 년을 지출하며 살아야 한다. 따라서 은퇴 후에도 새로운 일을 통해 경제적 자립을 하려는 사람들이 늘고 있다.

② 장년기 노후 생활 안정을 위한 대비가 필요하다. 공적 연금, 퇴직연금, 개인연금, 부동산, 저축 등이 안정을 확보하는 방안이 될 수 있다.

11 장년기의 발달: 예상 문제

01 다음 중 '축적한 풍요한 경험으로 최고의 지위를 점유하고 최선의 역할을 수행하는 시기'로서 자기 쇄신과 발전을 향해 계속 정진해야 하는 시기는?

① 노년기
② 장년기
③ 청년기
④ 사춘기

정답 ②

해설 장년기 시기로 각 개인이 그의 인생에서의 목표를 거의 다 성취할 수 있는 시기로 경험과 연륜, 지혜의 축적으로 직업적 성취와 상당한 사회적 책임을 지는 시기이다.

02 다음 중 장년기의 발달 과업 특성으로 거리가 먼 것은?

① 자아정체감 발달
② 자기 쇄신
③ 사회생활의 확장
④ 갱년기 변화와 적응

정답 ①

해설 장년기는 경험과 경륜을 바탕으로 장년들은 직업적 성취를 이룩하고 상당한 책임을 지는 시기이다. 급진적 변화를 억제하고 신중하며 강인한 자아 개념의 재수립과 자기 쇄신이 요구된다.

03 다음 중 갱년기에 대한 적응, 자기 쇄신과 발전, 사회적 확장, 가족생활의 변화와 성숙, 경제적 안정 유지와 준비 등의 발달과업이 이룩되어야 하는 시기는?

① 중년기
② 성인기
③ 장년기
④ 노년기

 ③

 갱년기에 대한 적응, 자기 쇄신과 발전, 사회적 확장, 가족생활의 변화와 성숙, 경제적 안정 유지와 준비를 하는 시기는 장년기이다.

04 다음 중 여성의 갱년기에 따른 폐경 증상으로 거리가 먼 것은?

① 안면홍조
② 근육증가
③ 불안
④ 야간발한

 ②

 갱년기 증상은 폐경, 안면홍조, 야간발한, 두통, 요실금, 불안, 과민, 우울, 피로와 근심, 호흡 곤란, 골다공증 등이다.

05 다음 중 남성의 갱년기를 '메타포스 신드롬'이라고 명명한 사람은?

① 피들러
② 할버그
③ 기셀리
④ 스톡딜

 ②

 할버그(Hallberg)는 남성의 갱년기를 메타포스 신드롬이라고 했다.

06 '뉴가르텐과 와인스타인'이 설명한 가정 내의 조부모의 역할 수행 형태에서 조부모가 삶의 지혜의 근원임을 내세우는 조부모 역할 수행의 형태는 무엇인가?

정답 권위형

해설 권위형은 가정 내에서 조부모가 삶의 지혜의 근원임을 내세우는 역할 수행 형태이다.

07 '뉴가르텐과 와인스타인'이 설명한 조부모의 역할 수행 형태 중 손자녀 양육은 주로 자녀 세대에게 맡기고 특별한 경우를 제외하고는 손자녀들과 상호작용이 그리 많지 않고 조부모로서 꼭 필요한 역할만 수행하는 형태는 무엇인가?

정답 공식형

해설 공식형은 손자녀 양육은 주로 자녀 세대에게 맡기며 특별한 경우를 제외하고는 손자녀들과의 상호작용이 그리 많지 않다.

08 다음과 같은 특성을 갖는 장년기 대표적 질병은 무엇인가?

> ㉠ 장년기에 많이 발생한다.
> ㉡ 유전, 나트륨 과잉 섭취, 음주, 고지혈증, 스트레스 등이 원인이다.
> ㉢ 침묵의 살인자라고도 한다.

정답 고혈압

해설 고혈압은 장년기에 많이 발생하며, 유전, 나트륨의 과잉 섭취, 음주, 고지혈증 스트레스 약물 등 요인이 다양하다.

노년기

01 노년기의 발달과업

1. 신체적·정신적 노화에 대한 적응

사람들은 오래 살기를 원하며 아름답게 노후를 보내고 싶은 희망이 있다. '노인'이란, 어르신, 연세가 지긋하신 분, 황금기, 결실기라고도 표현한다. 노년기의 시작지점은, "고용상 연령차별금지 및 고령자 고용촉진에 관한 법률"에서는 '55세', "국민연금법"에서 노령연금 수급권자는 '60세', 고령인구의 비율구성은 '65세'로 노년기 시작으로 규정한다.

(1) 노년기는 신체적·정신적 변화와 노화에 대해 적응하고 인생의 마무리를 하는 중요한 발달과업이다.

(2) 노년기의 신경증적 행동이나 우울증은 대체로 신체적 기능 쇠퇴에 동반되는 정신적 증상이다.

(3) 기억력, 추리력에서도 현저한 감퇴 현상이 나타나고 지각이나 사고 등에서도 속도 및 강도에서 쇠퇴 현상이 나타난다.

(4) 에릭슨(1985)에 의하면, 8단계의 자아 통합감 대 절망감의 시기이다.

2. 노인의 역할, 활동이론과 이탈이론

(1) 활동이론

노화로 인하여 생리적 변화를 경험하지만 장년기의 활동이나 태도를 계속 유지하고자 한다. 활동이론은 노인들이 사회의 이탈을 최소화하기 위하여 노력해야 한다고 주장한다.

(2) 이탈이론

노년기 사회적인 이탈은 하나의 자연스러운 과정이며 사회적 압력에 의해서 밀려난 것만을 의미하지는 않는다. 이탈 노인은 사회적 활동, 책임감으로부터 해방됨으로써 만족도가 높을 수 있다.

3. 은퇴 및 고독에의 적응

(1) 직업 세계로부터의 은퇴는 하나의 발달 과업이다.

(2) 노년기는 삶과 죽음에 대한 바른 인식과 닥쳐올 죽음에 대한 심리적 준비를 갖출 필요가 있다.

(3) 노년기의 부부관계는 은퇴 이후의 시간적·정신적 여유 등의 요인이 결합되어 더욱 완벽한 동료 의식으로 성숙된다.

4. 클라크와 앤더슨(Clark & Anderson)이 주장한 노년기의 적응 과업

(1) 노화의 현실에서 활동 및 행동에 제약이 오는 것을 자각하는 것

(2) 신체적 및 사회적 생활반경을 재정립하는 것

(3) 노화로 인해 만족시킬 수 없는 욕구를 다른 방법으로 만족시키는 것

(4) 자아의 평가 기준을 새로이 설정하는 것

(5) 노령기의 생활에 맞도록 생활의 목표와 가치를 재정립하는 것

02 노화와 적응

1. 노화의 의미

(1) 노화의 정의

① 노화란 '늙어간다는 것'은 신체 및 정신적인 면에서의 쇠퇴 현상을 의미하며 그 속도나 시기는 개인에 따라서 조금씩 다르다.

② 노화를 단순히 생활 연령만으로 규정하는 것은 위험한 일이며, 생활 연령과 더불어 심리적 특성, 사회적 배경 등을 복합적으로 고려해야 한다.

(2) 노화와 수명

① 노화 과정

● 컴포트(Comfort): 노화 과정이란 개인이 타고 태어난 일정한 유전적 프로그램을 점차 소모해 가는 과정이다.

● 비렌(Biren): 노화에 관한 역작용 이론으로, 젊은 시절에는 생존과 성장을 위해서 도움이 되었던 특성들이 노년기에 이르면 오히려 역작용을 일으켜 부정적으로 작용해서 노화와 퇴화가 일어난다고 한다.

② 수명에 영향을 주는 요인

거주 지역, 결혼 여부, 질병, 공해, 의료 환경 등의 외적·환경적 요인이다.

(3) 노인 인구의 특성 및 내용

① 우리나라에서는 노인을 행정적·법적으로 65세 이상의 인구로 규정하고 있다.

② 노인 인구의 증가추세는 더욱 가속화되어 우리나라의 2023년 기준 65세 이상 노인 인구 비율은 약 18.9% 이다(초고령화사회는 65세 이상 노인 20%). 우리나라는 이미 고령 사회(65세 이상 인구 14%이상)에 들어선 선진국의 인구 고령화 속도(프랑스 125년, 미국 65년, 영국 60년, 일본 25년이 소요됨)에 비하여 매우 빠르다.

2. 신체적 노화

(1) 외형적 변화

피부, 모발, 치아 등에서 변화가 일어난다. 제2차 성징의 쇠퇴 때문에 피부 변화, 어깨가 구부러짐, 키가 줄어든다.

(2) 신체 내부의 변화

노화로 호흡작용의 효율성이 점차 떨어져 폐활량이 감소하면서 호흡기 질환의 감염 가능성이 높아진다. 수면의 깊이가 얕아져서 자주 깨거나, 불면증적 증상이 나타나기도 한다.

(3) 감각 기능의 변화

자극에 대한 민감성이 둔화되고, 감각기관의 효율성이 쇠퇴해진다. 촉각 둔화로 접촉 강도가 높아야 접촉을 느낄 수 있다.

(4) 운동 기능의 변화

운동 기능은 중년기, 장년기를 지나면서 감퇴가 현저하게 나타나며 노년기에 이르러서는 급속히 쇠퇴한다.

* 노년기 동질정체 기능의 변화
  ① 동질정체의 의미 : 생체가 환경에 적응하기 위해서 또는 생명을 유지하기 위해서 보이는 동적 평형상태를 말한다.
  ② 동질정체의 기능: 체온을 조절하고 유기체의 상태를 일정하게 유지하는 동질정체의 기능도 노년기에 이르면 점차 비효율적으로 되어간다.

3. 노인의 지적 특성

나이가 들면서 점점 지혜로워진다고 믿는 사람들이 많다. 에릭슨(1982)은 어떤 노인들은 죽음에 직면하여 지혜를 얻게 된다고 주장한다.

(1) 노인의 인지 변화

인지란 지식을 획득, 저장, 인출, 활용하는 일련의 심리적 과정으로서, 노화에 따라 감각과 지각, 학습 능력과 속도, 기억, 문제 해결 등에 변화를 보인다.

(2) 지능의 변화

지능이란 학습 능력, 문제 해결력, 추상적 사고력 또는 적응 능력 등을 말한다.

① 지능 수준의 저하

지능지수(IQ)의 평균은 20~24세 전후까지는 증가하나 30~34세 이후는 점차 감소하며, 65~69세 이후는 급격히 하강한다.

② 능력의 탈분화(脫分化)

노년기에 접어들면 지능은 일종의 생물학적 노화 현상과 환경 자극의 격리나 박탈로 능력의 탈분화 현상을 보인다.

③ 사고의 자기중심화

노인의 사회적 소외는 사고의 자기중심화를 가속화하고 사고의 유연성과 창의성을 저해한다.

(3) 언어 능력의 변화

① 음성의 변화

음성의 변화는 후두연골이 경화되어 탄력성을 잃음으로써 생기며 음성이 고음으로 변하며, 성대가 서서히 힘을 잃어간다.

② 어휘 능력

다른 정신 능력에 비해서 감퇴 정도가 약하고, 감퇴 속도도 느리다. 어휘력은 연령보다는 언어 사용의 질 요인에 영향력이 있다.

4. 노인의 성격 특성의 변화 및 정서 변화

(1) 일반적 성격 특성의 변화

① 시간 전망의 변화(중년기 이후는 수명이 한 해씩 짧아지는 것)

② 우울증 경향의 증가

③ 내향성 및 수동성의 증가

④ 경직성의 증가

⑤ 인지 양식의 문제(장 의존적 경향)

⑥ 조심성 경향의 증가

⑦ 신체적 변화에 대한 민감한 변화

⑧ 개인 특성에 따른 은둔 성향 혹은 활동 성향의 지향

(2) 정서의 변화

노년기의 정서는 자신의 삶에 대한 스스로의 판단에 의하여 영향을 받는다. 에릭슨 (Erikson)은 노인은 삶의 마지막 단계에서 자신의 삶을 되돌아보며 '통합감'을 느끼거나 '절망감'을 느낀다고 한다.

5. 적응의 노력

(1) 노년기 적응 유형

① 성숙형

자신의 활동이나 대인관계를 통해 생활의 의미를 추구한다.

- 재구성형: 자신의 시간과 생활양식을 재구성하여서 모든 분야의 활동에 더욱 더 적극적으로 참여하고, 일상생활에 잘 적응하는 사람

- 초점형: 생활에 잘 적응하고 활동적이나, 재구성형에 비해서 관심분야를 한두 군데에 집중시키면서 만족을 추구하는 사람

- 유리형: 신체도 건강하며, 일상생활에 적응수준도 높지만 스스로 자원해서 능동적인 활동을 펴는 일은 별로 없이 조용히 지내는 사람

② 무장 방어형

노화의 결과에 대한 두려움을 지니고, 이를 잊기 위해서 더욱 왕성하게 활동하려고 노력하는 형이다.

- 계속형: 심리적 만족감도 비교적 높고 적응 상태가 좋으며 활동을 중지하면 빨리 늙어 버릴까 두려워 활동에 얽매이는 사람이다.

- 제한형: 심리적 안정 상태는 비교적 양호하나, 타인과의 능동적인 사회적 접촉을 꺼리고 폐쇄적으로 살아가는 사람이다.

③ 수동 의존형

생활 태도에서 활동성과 능동성을 상실하고 소극적이고 수동적인 태도를 취하는 형이다.

- 구원요청형: 주위의 가족이나 친척에게 의존할 수 있는 것으로부터 심리적 만족과 안정을 얻으며 살아가는 사람

● 무감각형: 신체적 건강 유지를 위한 활동 외에는 거의 활동하지 않는 가운데 무기력, 무감각하고 완전히 수동적이 되어 버린 사람

● 와해(瓦解)형: 심리적 기능, 즉 사고, 지능 그리고 판단능력이 결핍되고 정서 반응도 일관성이 없는 가운데 생활에 만족도 매우 낮은 사람

(2) 가족과 사회의 협조

성숙형 및 무장방어형 노인은, 계속 활동할 수 있는 영역을 제공하여 사기를 높여주고, 제한형, 구원요청형, 노인은 조용히 쉴 수 있는 공간을 제공함으로써 행복한 여생을 마칠 수가 있게 해야 한다.

1. 은퇴의 단계

일반적으로 대부분의 사람들은 은퇴에 효율적으로 적응할 수 있다(Coberly, 1991). 노인학자 Atchley(1976)은 은퇴 과정을 7단계로 구분하였다. 사람들은 각기 다른 연령, 각기 다른 이유로 은퇴하기 때문에, 모든 사람들이 일률적으로 이러한 단계를 모두 거치는 것은 아니다.

(1) 은퇴 과정의 7단계(Atchley, 1976)

① 먼 단계

은퇴 전 단계로 은퇴가 먼 단계외 은퇴 직전의 두 단계로 나뉜다. 은퇴에 대한 준비나, 대비를 하지 않는다.

② 근접단계

은퇴 후의 경제문제, 신제적·정신적 건강문제를 생각한다. 은퇴프로그램은 은퇴 후 연금, 건강, 주거, 법적 측면에 관한 도움을 준다.

③ 밀월단계

은퇴 후, 평소에 가고 싶고 하고 싶었지만 시간이 없어서 주저했던 일들을 하면서 행복감을 보낸다. 강제퇴직, 건강문제 등으로 은퇴한 사람들은 긍정적 느낌을 경험하기 어렵다.

④ 환멸단계

은퇴에 대한 환멸은 상실의 경험을 반영한다. 권력, 특전, 신분, 수입, 인생에서 의미의 상실을 경험하면 우울증에 빠질 수 있다.

⑤ 적응단계

은퇴 후의 생활에 대해 보다 현실적인 대안을 생각한다. 생활에 만족을 가져다 줄 생활양식에 대해 탐색하고 평가한다.

⑥ 안정단계

은퇴로 인한 변화를 일상적으로 처리할 수 있는 상태를 확립했을 때 적응이 잘 되면 안정 단계로 들어간다.

⑦ 종결단계

은퇴자의 역할이 종결되는 단계이다. 재취업 후에도 질병 등 독립적으로 기능하지 못하게 되어 은퇴자의 역할이 소멸되는 것이다.

(2) 과정으로서의 은퇴

① 미래에 대한 설계 시기

퇴직금, 연금 등의 운용 계획, 적절한 주택 선정과 이사 준비, 기타 은퇴 생활에 필요한 여러 가지 정보를 수집한다.

② 은퇴의 시점

은퇴 직후 며칠간의 생활 리듬 파괴에 대한 대책과 자신에게 맞는 시간 계획을 세운다.

③ 은퇴 직후

건강이나 경제적 여유가 양호할 경우 활동이 활발하다.

④ 은퇴 생활 안정기

일정한 은퇴 생활양식에 적응하고, 남은 여생을 현실적으로 보고 받아들인다.

⑤ 마지막 단계

신체적 정신적 기능이 극도로 쇠퇴하고, 현실 적응이 어렵고 의존적으로 된다.

(3) 은퇴기 이후의 생활

① 우리 사회에서 노인이 점유하는 위치는 과거의 존경받는 권위의 주체가 아니라 다음 세대에게 주역의 위치를 넘기고 난 은퇴자의 생활이다.

② 적절한 일과 역할을 제공함으로/제공하여/제공을 통해 사회적 은퇴 이후의 자신에 대하여 확고한 정체감을 형성할 수 있도록 한다.

2. 은퇴에 대한 적응

(1) 경제적 적응

줄어드는 소득에 자신의 생활을 적응시키기 위해서 주택지의 축소, 생활의 간소화 등 평안한 생활을 위한 대책을 마련한다.

(2) 새로운 활동과 흥미개발

① 노인 인력의 활용

노인 세대의 경험과 인생경륜은 무엇보다도 값진 자산으로서 노인 인력의 활용 가능성을 제시하는 지표가 된다.

② 노인의 활동

노인은 손자녀 돌봄, 지역사회의 일에 참여하며, 지역사회의 발전에 공헌하고 각종 봉사활동에도 공헌할 수 있다.

③ 안락한 생활

조용한 주거지에서 교통이 편리한 곳이 좋다.

04 죽음에 대한 인식과 적응

1. 죽음에 대한 학자들의 견해

(1) 하이데거(Heidegger)

인간은 죽음과 직결된 존재라 하여 죽음의 의식 없이는 인간의 존재가 무가치하다.

(2) 프로이트(Freud)

사람들이 죽음이 타인의 문제인 것처럼 행동한다 해도 분명히 죽음은 자연적인 것이며 거부될 수도 회피할 수도 없다.

(3) 로스(Ross)

죽음은 삶의 과정 속에서 공존하는 한 부분이며 삶을 모르면 죽음도 모른다.

(4) 토인비(Toynbee)

죽음으로부터 뒷걸음질하는 것은 서구 세계 전체의 공통된 특징이다.

2. 죽음에 대한 인식

(1) 죽음의 개념 및 의미

① 서양 문화권에서 나타나는 죽음관

죽음은 존재가 비존재로 되는 것으로 거의 절망적이다. 존재의 근거가 되는 시간과 공간이 끝나는 것, 삶과 선에 반대되는 최고의 공포이며 악이라고 보았다.

② 고대 한국의 죽음관

생물학적인 죽음은 현세적 질서를 파괴하지 않았으며, 현세적 의지와 원망을 변경하지 않았다. 죽음은 언제나 삶과 서로 교통하며, 물질적 요구에서 벗어나, 또 다른 '너'와 '나'를 만나게 하는 것으로 이해한다.

3. 죽음의 과정

퀴블러로스(Kübler-Ross)는 다음과 같은 죽음의 과정을 제시하였다.

① 부정

사망의 진단을 받으면 이를 인정하지 않으려는 태도를 보이며, 의사의 진단을 믿지 않고 계속해서 다른 병원을 찾는다.

② 분노

왜 하필이면 자기인지 분노의 감정을 갖는다.

③ 협상

죽음에 대한 부정과 분노가 자신에게 아무 소용없으며, 죽음을 피할 방법이 없다고 생각되면 신, 질병 자체와 협상의 태도를 보인다.

④ 우울

삶의 희망이 없고 희망이 불가능함을 인식하게 되면 우울증 증세를 나타낸다. 우울증은 반응적 우울증과 예비적 우울증으로 나눈다.

⑤ 수용

위 4단계를 거치면서 재기할 수 없다고 인식하면 스스로 죽음을 수용하게 되는데 이 단계를 '최후의 성장'이라고도 한다.

4. 호스피스 케어(Hospice Care)

(1) 원래 호스피스(Hospice)는 참배자, 순례자를 위한 숙박소로, 중세에 수도원의 빈민, 고아, 만성병 환자를 수용하여 의학적 치료와 휴식을 제공한 데서 호스피스케어(Hospice Care)가 시작되었다.

(2) 호스피스 케어 목적은 불치병 환자들의 신체적 고통을 덜어 주고 심리적 위안을 통해 평안하게 지내다가 죽음을 맞이할 수 있도록 정서적 안녕감을 증진시키는 것이다.

05 노년기의 부부생활

1. 은퇴 후의 부부생활

(1) 노년기의 남편

노년기의 남편은 위축으로 신체적·심리적 노화와 병리현상을 촉진하게 되므로, 취미활동, 관심사를 부인과 공동으로 개발하고 소통하며 수입에 알맞은 생활의 재정리가 바람직하다

(2) 노년기의 부인

적극적이고 긍정적인 태도로 일상생활을 격려하고 돕는 것이 필요하다. 남편의 건강도 중요하지만 자신의 건강에도 관심을 가질 것이 요구된다.

2. 사별과 그 이후의 생활

(1) 배우자와의 사별

서로 간호하고 도와줄 수 있는 상대를 잃었다는 생활상의 불편도 크지만 그보다는 심리적인 충격이 더욱 크다.

(2) 사별에의 적응

사별 이후에 생활에 어느 정도 적응하기 위해서는 종교생활, 새로운 취미, 안정된 정서를 유지하는 것이 필요하다.

(3) 노년기에 사별한 여성의 경우 재혼의 대상이 수적으로 작고, 여성의 재혼에 대한 사회적 편견 등, 노년기 여성의 재혼율은 남성에 비해 낮다.

(4) 볼비(Bowlby)의 애도의 단계

① 충격단계

배우자의 사망 후 얼마 동안은 격렬한 슬픔에 압도되어 충격과 의혹의 상태에 빠진다. 분노와 부정의 단계와 유사하다.

② 그리움단계

고인에 대한 그리움으로 고인이 살아 있다는 느낌에 사로잡힌다. 불면증, 극심한 슬픔, 불안 등의 증상을 보인다.

③ 절망단계

고인에 대한 그리움과 슬픔의 감정, 절망감, 무관심, 냉담한 반응, 패배감을 느끼기도 한다. 절망의 단계는 일종의 우울의 단계이다.

④ 회복단계

일상 활동을 재개하게 되는 단계로, 사별 후 1년 이내에 나타난다. 새로운 취미 활동을 하거나 새로운 사회적 관계를 형성한다.

1. 자녀와의 관계

이 시기 부모와 자녀의 관계는 양육하는 관계에서 친구와 같은 관계로 변화해 간다. 부모의 '내리사랑'으로 표현되었던 일방적인 관계나, 의존적인 관계에서 벗어나 서로 돌봄이 일어나는 호혜적인 관계가 된다.

2. 손자·손녀와의 관계

맞벌이가 증가하면서 조부모와 손자·손녀의 깊은 애정 관계는 손자·손녀의 심리적 발달에 영향을 미치며, 인생의 경험을 통한 경험과 지혜를 제공함으로써 생산감을 가지게 된다.

1. 이상 상황의 원인

(1) 환경적 요인

직업에서의 은퇴와 배우자와의 사별, 직업의 상실에 따른 생활의 의미 상실 등이다.

(2) 개인 내적 요인

신체적이고 정신적인 노화가 원인이다.

2. 이상 상황과 치료

(1) 노인의 우울증

생물학적, 유전적 요인, 질병, 퇴직으로 인한 경제력 상실, 배우자의 죽음, 신체적으로 주변인에게 신세를 질 때, 죽음에 대한 두려움 증가 등, 다양한 '사회적 요인'들로 인해 나타난다.

(2) 치매

① 치매는 주로 노년기에 많이 생기며 뇌손상에 의해 기억력저하, 인지 기능의 장애가 생겨 예전 수준의 일상생활을 유지할 수 없는 상태를 의미하는 포괄적인 용어이다.

② 치매는 '알츠하이머병, 뇌혈관성 치매, 루이체 치매'가 주요 3대 치매이며 그 외 전두엽 및 알코올성 치매 등이 주요 원인 질환이다.

③ 치매는 대부분 만성적으로 진행되는 뇌의 질병이기 때문에 예방이 중요하며 일관성을 가지고 지속적으로 대처하는 것이 중요하다.

(3) 망상(妄想) 장애

① 현실 판단력 장애로 실제 사실과 다르게 지각하고 표출되는 것이 특징이다. '피해망상, 과대망상, 관계망상, 질투망상, 신체망상'등이 있다.

② 망상증상은 상담, 정신치료의 과정을 통해 완화될 수 있고, 증상이 심한 경우에는 약물치료가 요구된다.

12 노년기의 발달: 예상 문제

01 다음 중 '해비거스트'가 제시한 노년기 과업으로 옳지 않은 것은?

① 퇴직과 경제적 수입 감소에 따른 적응
② 배우자의 죽음에 대한 적응
③ 육아 능력 함양
④ 동년배 집단과의 유대 관계 강화

정답 ③

해설 '해비거스트'가 제시한 노년기 과업은 퇴직과 경제적 수입 감소에 따른 적응, 배우자의 죽음에 대한 적응, 동년배 집단과의 유대 관계 강화, 약화되는 신체적 힘과 건강에 따른 적응, 사회적 역할을 융통성 있게 수행하고 적응하는 일, 생활에 적합한 물리적 생활환경의 조성이다.

02 다음 중 '노화 현상'에 대한 설명으로 옳지 않은 것은?

① 수면의 양, 질에 변화가 생기며, 깊은 수면상태가 짧다.
② 혈액 순환이 둔화되고 동맥경화증이 나타나기 쉽다.
③ 소화 기능이 활발하고 폐활량이 급증한다.
④ 시각, 청각 등 감각기관의 효율성이 떨어진다.

정답 ③

해설 노년기에는 신체적, 정신적 쇠퇴가 나타나는데, 외형, 신체 내부 기능의 약화 감각기능의 둔화, 지적 퇴보 등이 나타난다.

03 다음 중 UN이 정하는 '고령화 사회'란?

① 전체 인구 중 65세 이상 노인인구의 비율이 21% 이상

② 전체 인구 중 65세 이상 노인인구의 비율이 14% 이상

③ 전체 인구 중 65세 이상 노인인구의 비율이 7% 이상

④ 전체 인구 중 65세 이상 노인인구의 비율이 5% 이상

정답 ③

해설 UN은 노인인구의 비율이 전체 인구에서 차지하는 비율이 7% 이상인 사회를 고령화 사회, 노인 인구의 비율이 14% 이상이면 고령 사회라고 21%이상이면 초고령 사회라고 명명하고 있다.

04 다음 중 노년기에 생체가 환경에 적응하기 위해 또는 생명을 유지하기 위해 보이는 동적 평형 상태를 말하는 것은?

① 조절기능

② 감각기능

③ 수면기능

④ 동질정체

정답 ④

해설 동질정체의 기능은 신체 내부에서 환경을 조절하고 안정을 꾀하는 생리적 기제로 체온을 조절하고 적당한 칼슘섭취와 혈액 농도 등을 통제하는 일을 해준다.

05 다음 중 노인의 인지 변화에 대한 내용으로 옳지 않은 것은?

① 지각적 예민성이 줄고 지각 속도가 느려진다.

② 상황의 요구에 대처하는 능력이 부족하다.

③ 창의적 사고력이 부족하다.

④ 환경의 변화에 즉각 대처하는 능력이 증가한다.

정답 ④

해설 노인은 환경의 변화에 즉각적으로 대처하는 능력이 감소한다.

06 노년기에 불치병이나 고령으로 죽음을 기다리는 사람에게 고통을 덜어주고 좀 더 평안하게 죽음을 맞을 수 있도록 도와주는 것을 무엇이라 하는가?

> **정답** 호스피스
>
> **해설** 호스피스(호스피스케어)의 가장 중요한 목적은 죽어가는 사람을 돌보는 것이다. 환자의 신체적, 정신적 고통의 감소와 통제이다. 호스피스는 그 가족들에게도 동료 의식과 사기를 북돋아주는 역할을 해야 한다.

07 인간은 죽음과 직결된 존재라고 하며, '죽음의 의식 없이는 인간의 존재는 무가치하다고 연구'한 학자는?

> **정답** 하이데거
>
> **해설** 실존주의 철학자 하이데거는 1927년 '존재와 시간'이라는 저서를 통해 인간 경험의 실존적 측면과 존재에 미치는 영향을 설명하고 있다. 하이데거는 죽음의 의식 없이는 인간의 존재는 무가치하다고 연구하고 있다.

08 노년기 '대인관계의 감소나 사회로부터 퇴진이 사회적 활동과 책임감으로부터 어느 정도 해방시켜줌으로써 오히려 만족도를 높여준다고 보는 이론'은 무엇인가?

> **정답** 이탈이론
>
> **해설** 이탈이론에서 노년기에 나타나는 사회적인 이탈은 하나의 자연스러운 과정에 불과한 것이지 결코 사회적 압력에 의해 밀려난 것을 의미하지는 않는다고 했다.

13

인간발달 실전모의고사 문제 및 해설

01 인간발달 실전모의고사 제1회

※ 다음 문제를 읽고 답하라.

01 다음 중 행동관찰에서 '가능한 한 자연적인 상황에서 관찰 대상의 행동을 관찰하여 기록하고 그 기록을 분석하는 관찰법'은 무엇인가?

① 실험적 관찰법
② 자연관찰법
③ 일화기록법
④ 구조적 관찰법

02 다음 중 "세 살 버릇이 여든까지 간다."라는 말과 관련이 깊은 '발달의 기본 성격의 해석'은 무엇인가?

① 발달의 효과성
② 발달의 누적성
③ 발달의 기초성
④ 발달의 적기성

03 다음 중 반두라(Bandura)의 사회학습이론에서 관찰학습의 4가지 구성 요소에 들어가지 않는 것은?

① 주의 과정
② 운동 재생 과정
③ 파지 과정
④ 부적 처벌 과정

04 다음 중 가족의 특징으로 거리가 먼 것은?

① 개방적 집단
② 형식적 집단
③ 일차적 집단
④ 비형식적 집단

05 다음 중 종단적 접근법은 무엇인가?

① 연령 변인의 효과
② 시간 효과
③ 저렴한 비용
④ 유전과 환경의 영향

06 다음 중 발달의 연구 방법 중 변수를 가장 엄격히 통제할 수 있는 방법은?

① 관찰법
② 검사법
③ 면담법
④ 실험법

07 다음 중 발달의 비단계설을 주장한 학자는 누구인가?

① 피아제(Piaget)
② 에릭슨(Erikson)
③ 프로이트(Freud)
④ 왓슨(Watson)

08 다음 중 남아의 이성 부모를 향한 애정으로 동성 부모에게 경쟁의식을 강하게 느끼는 것과 관련된 프로이트의 이론은?

① 남근선망
② 거세 불안
③ 저항
④ 오이디푸스 콤플렉스

09 다음 중 프로이트와 에릭슨 이론의 공통점으로 거리가 먼 것은?

① 발달의 단계이론이다.
② 발달적 위기 극복 여부에 따라 양극의 개념으로 설명한다.
③ 초기 경험을 중요하게 인정한다.
④ 인간의 자아 분석에 기초를 두고 있다.

10 다음 중 에릭슨(Erikson)의 발달이론에서 최종적으로 획득하는 인성 특성은 무엇인가?

① 친밀감
② 정체감
③ 통합성
④ 신뢰성

11 다음 중 피아제의 인지발달이론에서 '구체적 조작기'의 특성이 아닌 것은?

① 서열화가 가능
② 조합적 사고 가능
③ 보존개념 가능
④ 탈중심성 사고

12 다음 중 콜버그의 도덕성 발달이론 단계에서 최상위의 도덕 발달 단계는?

① 복종과 처벌지향
② 상대적 쾌락주의
③ 법과 질서지향
④ 보편적 원리

13 다음 중 아동이 잘못했을 경우 '아동이 좋아하는 핸드폰을 못하게 하는 행동치료방법'은 무엇인가?

① 정적 강화
② 부적 강화
③ 정적 처벌
④ 부적 처벌

14 다음 중 융의 독창적 개념으로 인류가 보편적으로 공유하는 신화적이고 상징적인 것을 나타내는 개념은?

① 개인 무의식
② 집단 무의식
③ 페르소나
④ 자기

15 다음 중 아이의 성(性)은 무엇에 의해 결정되는가?

① 난자의 수
② 정자의 수
③ 정자의 염색체
④ 난자의 염색체

16 다음 중 신생아 또는 태아의 두개골 사이에 있는 연한 막의 구조물로 두개골을 신장시키고 변형될 수 있도록 하는 역할을 하는 것은?

① 천문
② 해마
③ 연수
④ 소뇌

17 다음 중 유아기에 모든 사물을 살아 있다고 생각하여 생명이 없는 대상에게 생명과 감정을 부여하는 사고는?

① 형식적 사고
② 물활론적 사고
③ 유목화 사고
④ 인지적 사고

18 다음 중 학자들의 유아 놀이에 대한 견해로 맞지 않은 내용은?

① 손다이크(Thorndike): 놀이는 학습된 행동
② 피아제(Piaget): 본능적 성적 에너지 해소
③ 프로이트(Freud): 억압된 감정의 해소와 욕구 충족
④ 프뢰벨(Frobel) : 놀이는 지선의 표현

19 다음 중 지능 검사에 대한 설명으로 틀린 것은?

① 스탠포드 비네검사: 생활연령에 비교한 정신연령의 개념을 표시
② 웩슬러 지능검사: 능력 척도
③ 비네검사: 지적 발달수준이 생활연령으로 나타난다.
④ 카우프만 검사: 동시적 처리, 계열적 처리, 성취로 측정

20 다음 중 교사의 아동관과 아동의 성취와의 관계를 바르게 설명한 것은 무엇인가?

① 아동의 잠재력을 인정하는 교사는 아동의 학업 성취에 긍정적 영향을 준다.
② 사회계층이 높은 가정의 아동이 교사의 기대에 더 쉽게 영향 받는다.
③ 저학년 아동은 교사의 기대에 영향을 받지 않는다.
④ 교사의 아동에 대한 특별한 기대가 학과 성적과는 상관이 없다.

21 다음 중 청소년기 사고 발달 특성으로 옳지 않은 것은?

① 추상적 사고
② 가설 연역적 사고
③ 개체화
④ 체계 및 조합적 사고

22 다음 중 자기 우화, 상상적 관중, 독립성 추구와 양가적 감정 등의 정서 발달상의 특징을 나타내는 시기는 언제인가?

① 아동기
② 성인기
③ 청년기
④ 중년기

23 다음 성인기 발달과업으로 옳지 않은 것은?

① 직업을 통한 자아실현
② 자아정체감의 확립과 학업 성취
③ 동반자의 발견과 결혼
④ 성숙 인격을 갖추는 것

24 다음 중 다양한 인간의 경험, 사상을 인정하고, 절대 선이나 절대 진리의 모순을 이해하며, 자기에 대한 타인의 비판에 귀를 기울일 수 있는 중년기 완전히 기능하는 사람의 특성에 해당되는 것은?

① 자유의식
② 자기신뢰
③ 독립성
④ 개방성

25 다음 중 장년기의 발달 과업 특성으로 거리가 먼 것은?

① 자아정체감 발달
② 자기 쇄신
③ 사회생활의 확장
④ 갱년기 변화와 적응

26 다음 중 노인의 생활 적응을 설명하는 기초 이론 중 대인관계의 감소, 사회로부터의 이탈(퇴직)이 노인의 만족도에 부정적인 영향을 미치지 않고, 사회적 활동이나 책임감으로부터 해방시켜 줌으로 오히려 만족도를 높아진다고 보는 이론은?

① 위기이론
② 역작용이론
③ 이탈이론
④ 활동이론

27 어떤 사람의 행동이 이전보다 다양화되고 행동구조가 더 정교해져 가는 변화이며, 바람직한 방향으로 일관성, 연속적으로 변화하는 것을 무엇이라 하는가?

28 피아제의 '구체적 조작기'의 아직 획득하지 못한 다음의 개념은 무엇인가?

> 물질의 양이 차원의 변화에 관계없이 같다는 것을 개념화 한 것이다.
> 사물의 양은 그 모양이 변하거나 여러 부분으로 나뉘어도 그 양이나 수가 변하지 않는다는
> 것이다.

29 '곤란도가 서로 다른 문제들로 구성된 검사를 모든 연령의 피검자들에게 실시한 후 그들의 득점으로써 지능 수준을 평가'하는 지능검사는 무엇인가?

30 인간발달은 생의 전 과정에서 8단계의 위기를 극복하는 것으로 설명하며, 각 단계의 위기는 상호 대립되는 양극 개념으로 설명한 심리사회적 발달이론을 주장한학자는 누구인가?

31 독일의 심리학자 슈테른(Stern)이 연구한 지능(intelligence) 연구에서 CA가 의미하는 무엇인가?

32 장년기, 자녀들이 모두 독립하여 집을 떠나는 시기에 부모가 느끼는 상실감과 슬픔을 뜻하는 증후군 명칭은 무엇인가?

33 스텐버그는 사랑의 구성 요소 중 '사랑의 동기 유발 요소로 신체 매력, 성적 욕망 등을 포함'하는 것은 무엇인가?

02 인간발달 실전모의고사 제 2 회

※ 다음 문제를 읽고 답하라.

01 다음 중 인간 발달의 원리에 관한 설명으로 옳은 것은?

① 발달에는 결정적 시기가 있다
② 무작위로 발달이 진행되어 예측이 불가능하다
③ 신체의 하부에서 상부로, 말초부위에서 중심부로 진행된다.
④ 안정된 속성 보다는 변화적 속성이 강하다

02 다음 발달의 비단계설의 내용으로 가장 관계가 깊은 것은 무엇인가?

① 순서에 의한 발달
② 발달 단계의 구분
③ 결정적시기
④ 발달곡선

03 다음 중 프로이트 성격발달이론에서 본능(id)의 작동원리는 무엇인가?

① 보편적 원리
② 이상의 실현
③ 현실 원리
④ 쾌락의 원리

04 다음 중 프로이트 성격발달이론에서 자아(ego)의 작동원리는?

① 보편적 원리
② 이상의 실현
③ 현실 원리
④ 쾌락의 원리

05 다음 중 에릭슨의 발달 단계에 속하지 않는 것은?

① 정체감 대 정체감 혼미
② 창의성 대 침체감
③ 자율성 대 수치감
④ 신뢰감 대 불신감

06 다음 중 피아제 인지발달 단계의 특성으로 옳지 않은 것은?

① 형식적 조작기―조합적 사고 가능
② 구체적 조작기―직관적 사고
③ 전조작기―자아 중심성
④ 감각운동기―대상연속성 발달

07 다음 중 콜버그의 도덕성 발달 단계에서 인습적 도덕 수준에 해당하는 것은?

① 민주적 법률
② 법과 질서 지향
③ 보편적 원리
④ 상대적 쾌락주의

08 다음 중 볼비가 주장한 애착 대상과의 아동의 격리로 인해 나타나는 현상으로 거리가 먼 것은?

① 애정
② 초월
③ 절망
④ 반항

09 다음 중 융의 개념 중 남성 속의 여성성을 의미하는 것은 무엇인가?

① 아니무스
② 아니마
③ 음영
④ 페르소나

10 다음 중 임신으로 인한 모체의 변화로 거리가 먼 것은?

① 임신 5~6개월은 태동을 느끼고 타인의 육안으로도 식별 가능하다.
② 자궁이 작아진다.
③ 월경이 중지된다.
④ 평소보다 분비물이 많아진다.

11 다음 중 영아의 생리적 습관 발달에 대한 설명으로 옳지 않은 것은?

① 대변 훈련을 소변 훈련보다 먼저 시킨다.
② 생의 어느 시기보다 렘수면이 많다.
③ 소변 훈련은 16~18개월에 시작하여 24개월 정도에 완성된다.
④ REM 수면은 연령의 증가에 따라서 증가한다.

12 다음 중 촘스키(Chomsky)의 언어발달이론과 관련되는 용어는?

① 언어습득장치
② 기본적 신뢰감
③ 자아정체감 혼미
④ 자아 중심성

13 다음 중 부부가 진정한 반려 의식을 갖는데 방해가 되는 요인은?

① 상호 존중하는 태도
② 일체감의 발달
③ 내조와 외조
④ 상호 의존과 독점

14 다음 중 지능 검사에 대한 설명으로 틀린 것은?

① 스탠포드 비네검사: 생활연령에 비교한 정신연령의 개념을 표시
② 웩슬러 지능검사: 능력척도
③ 비네검사: 지적 발달수준이 생활연령으로 나타난다.
④ 카우프만 검사: 동시적 처리, 계열적 처리, 성취로 측정

15 다음 중 아동기 시기에 특히 나타나는 부적응 행동이 아닌 것은?

① 학습 곤란
② 자폐증
③ 행동 장애
④ 학교 공포증

16 다음 중 청소년기 사고 발달 특성으로 옳지 않은 것은?

① 추상적 사고
② 가설 연역적 사고
③ 분리화 사고
④ 체계 및 조합적사고

17 다음 중 자아정체감이란 개념을 처음으로 체계적으로 사용한 학자는 누구인가?

① 반두라(Bandura)
② 피아제(Piaget)
③ 에릭슨(Erikson)
④ 마샤(Marcia)

18 다음 중 '맥클레란드'가 제시한 성취동기의 육성 원리가 아닌 것은?

① 성취동기를 육성시켜 보겠다는 의욕과 신념
② 성취동기 개념의 명확한 파악
③ 성취동기의 실생활에의 구현
④ 타인보다는 자기 우선적인 인정 및 행동

19 다음 중 장년기의 특징과 거리가 먼 것은?

① 상실감의시기
② 제2의 사춘기
③ 빈둥지증후군
④ 정체성혼란 시기

20 다음 중 에릭슨의 성숙 개념으로 가장 알맞은 것은?

① 자극과 반응의 연결
② 자기 수용
③ 친교 능력
④ 성 본능의 억제

21 노년기의 시작 지점은 다양하다. "고용상 연령차별금지 및 고령자고용촉진에 관한법률"에서는 '55세'이다. 다음 중 '고령인구의 비율 구성'은 노년기를 몇 세부터로 규정하는가?

① 55세
② 60세
③ 63세
④ 65세

22 다음 중 '노년기의 성격 역동이론'을 주장한 대표적 노년 학자는 누구인가?

① 버틀러: 성격역동이론
② 프로이트: 성격역동이론
③ 에릭슨: 사회심리적 이론
④ 융: 정신분석적 전망

23 다음 중 민주적 지도자의 특성이 아닌 것은 무엇인가?

① 책임감
② 교만감
③ 사교성
④ 의지력

24 다음 중 자기 수용을 성숙으로 보는 이론은 무엇인가?

① 정신분석이론
② 학습이론
③ 욕구이론
④ 자아이론

25 다음 중 대중매체가 아동에게 미치는 장점으로 거리가 먼 것은?

① 치료적 역할
② 어휘력 증진
③ 잘못된 개념 형성
④ 지적 성장 자극

26 지능에서 '123234345456'이란 일련의 숫자를 '123/234/345/456' 세 숫자씩 단위 지어 외우는 기억의 전략은 무엇인가?

27 인간발달에서 신체적으로 신장, 몸무게가 증가하는 양적 변화를 무엇이라고 하는가?

28 지각의 탈 중심화가 나타나는 시기는 언제인가?

29 유아가 부모나 교사 등을 닮아가는 것으로 그들의 감정, 가치, 태도 등을 모방하다가 마침내는 무의식적으로 수용하며 내면화를 의미하는 것을 무엇이라고 하는가?

30 유아기에 모든 사물을 살아있다고 생각하여 생명이 없는 대상에게 생명과 감정을 부여하는 사고는?

31 게젤은 유아의 성장을 연구할 때 패턴화 과정이 중요하다고 했다. 다음 ( )안에 알맞은 발달 경향은 무엇인가?

> 유아의 발달과 성숙에서 연령 단계별로 아동 발달의 패턴을 제시하였다. 신생아는 '다리 부분보다 머리 부분'이 더 빨리 성숙하며, '팔의 협응이 다리의 협응에 선행'되는데, 이러한 경향을 (   )경향' 이라고 한다.

32 시설에서 자란 아동들이 타인과 애착 관계를 연구하였다. 애착 대상과의 아동의 격리로 인해 어떤 인물에 대한 각인의 기회가 없어서 애착관계가 형성된다고 연구한 학자는?

33 콜버그의 도덕성 발달 단계 중에서 법이나 관습보다는 개인의 가치 기준에 우선을 두는 도덕 수준의 단계는 무엇인가?

03 인간발달 실전모의고사 제 3 회

※ 다음 문제를 읽고 답하라.

01 다음 [보기]의 괄호 안에 알맞은 단어가 순서대로 바르게 연결된 것은?

> 성장은 신체상의 양적인 변화를 말하며, 학습은 비교적 영속적인 진행 등 변화가 (㉠)(과)
> 와 (㉡)(을)를 통해 이루어지는 것을 말한다.

① ㉠ 본능, ㉡ 생리 기능
② ㉠ 경험. ㉡ 질적인 경험
③ ㉠ 경험. ㉡ 연습
④ ㉠ 감각 기능. ㉡ 내분비선

02 다음 중 발달이 진행되는 방향으로 가장 옳지 않은 것은?

① 왼쪽에서 오른쪽의 방향으로 이루어진다.
② 머리에서 발끝의 방향으로 이루어진다.
③ 상체에서 하체의 방향으로 이루어진다.
④ 전체 활동에서 특수 활동의 방향으로 이루어진다.

03 다음 중 발달에 영향을 주는 유전요인 중 우성 인자는?

① 알레르기
② 피부색
③ 색맹
④ 대머리

04 프로이트의 성격발달은 유아기부터 청소년기까지 초기의 세 단계가 성격형성에 결정적 역할을 하게 된다고 하는데, 다음 중 성격발달이론에서 성격의 구조로 옳은 것은?

① 쾌락원리, 현실원리, 자아 이상
② 일차적 과정, 이차적 과정, 양심 체계
③ 원초아, 자아, 초자아
④ 의식, 전의식, 무의식

05 다음 중 유아기 성적 에너지(리비도)를 강조한 이론과 학자는?

① 학습이론: 왓슨(Watson)
② 심리사회 발달이론: 에릭슨(Erikson)
③ 성적발달이론: 프로이트(Freud)
④ 인지발달이론: 피아(Piaget)

06 다음 중 에릭슨(Erikson)의 '자아정체감 확립'의 의미로 알맞은 것은?

① 존경하는 위인, 영웅을 통해 자신의 행태를 정당화하려는 것
② 고민, 갈등, 방황에 따른 정서적 불안
③ 자기의 위치, 능력, 역할, 책임 등에 대한 의식과 확신
④ 자기존재에 대한 새로운 의문과 탐색

07 다음 중 에릭슨(Erikson)의 발달이론에서 최종적으로 획득하는 성격 특성은 무엇인가?

① 친밀감
② 정체감
③ 통합성
④ 신뢰성

08 다음 중 피아제의 인지발달적 특성에서 '전 조작기 아동'의 특징으로 옳지 않은 것은?

① 조합적 사고
② 언어발달
③ 상징적 활동 증가
④ 자아 중심적 사고

09 다음 중 콜버그의 도덕성 발달 단계 중에서 '전 인습 수준'에 속하는 단계는 무엇인가?

① 사회적 계약과 합법성 지향
② 처벌과 복종지향
③ 법과 질서 지향
④ 대인간 조화

10 다음 '반두라'의 '관찰학습'에서 가장 먼저 선행되어야 할 관찰 요소는?

① 강화와 동기적과정
② 운동 재생 과정
③ 주의 과정
④ 파지 과정

11 다음 중 경직성 목반사에서 찾아볼 수 있는 융의 성숙이론의 발달 원리는 무엇인가?

① 기능 비대칭
② 자기 규제
③ 개성
④ 상호 교류

12 다음 중 임신 후 모체의 변화로 거리가 먼 것은?

① 유선 발달

② 분비물 감소

③ 월경 중지

④ 입덧

13 다음 중 배아세포 분열로 분리된 외배엽으로부터 발달하는 기관이 아닌 것은?

① 근육, 골격

② 손톱, 발톱

③ 척추

④ 치아

14 다음 중 아기의 울음이 분화되기 시작하며, '쿠잉'을 하는 시기는?

① 생후 1주일

② 생후 2개월경

③ 생후 4개월경

④ 생후 8개월경

15 다음 중 '여러 대상의 특성 또는 속성을 지각'하여 알아내는 능력을 무엇이라 하는가?

① 지각

② 변별력

③ 전문성

④ 모방

16 다음 중 '그네타기와 미끄럼타기'는 다음 어느 놀이 행동에 속하는가?

① 연합놀이
② 병행놀이
③ 혼자놀이
④ 방관자적 행동

17 다음 중 '바움린드'의 부모 양육 유형 중 허용형 부모의 특성은 무엇인가?

① 자녀 훈육 시 규칙을 따르도록 통제하며 애정도 표현한다.
② 훈육 시 체벌 사용, 논리성을 가지고 설명하지 않는다.
③ 일관성 없이 훈육한다.
④ 애정이 없고 냉담하며 무관심하다.

18 다음 중 '스탠포드-비네(Standford-Binet)검사와 카우프'만 검사의 척도들이 측정하고자 하는 것은 무엇인가?

① 정서
② 지능
③ 신체발달
④ 성격

19 다음 중 공격적 행동의 원천인 욕구 불만을 해소시켜주는 것으로 놀이 치료 등에 많이 활용되는 공격적 행동 조절의 통제 방법은?

① 공격적 행동의 결과 인식시키기
② 반사회적 활동장려
③ 협동작업
④ 정화 방법

20 다음 중 사춘기 아동의 행동상의 특징으로 알맞은 것은?

① 안정감
② 근면성
③ 권위에 대한 반발
④ 강한 인내성

21 다음 중 '마샤'의 '자아 정체감' 발달 단계 중 '인생을 되는 대로 사는 것'이라고 생각하며 어떤 결정을 하려는 의욕도 갖지 못한 단계는?

① 정체감 혼미단계
② 정체감 유예
③ 정체감 유실
④ 정체감 확립단계

22 다음 중 올포트(G. Allport)가 제시한 성숙 인격 중 타인과의 따뜻한 인간관계를 이루는 요인으로 알맞은 것은?

① 독립심과 의존
② 복종과 지배
③ 존경과 관심
④ 친근감과 동정

23 다음 중 부모 자녀 간의 갈등의 요인으로 가장 적당하지 않은 것은?

① 생활 의식의 차이
② 부모의 권위 의식
③ 조부모 부양 여부
④ 생활양식의 차이

24 다음 중 장년기의 '자아개념 재수립' 이유로 가장 거리가 먼 것은?

① 자녀 독립에 따른 상실감
② 신체 변화로 인한 불안
③ 긴장감의 감소
④ 신체 발육 증가

25 다음 중 주위의 가족이나 친척에게 의존할 수 있는 것으로부터 심리적 만족과 안정을 얻으며 살아가는 노년기의 적응 유형은?

① 무감각형
② 계속형
③ 제한형
④ 구원요청형

26 '퀴블러로스'에 의하면 노년기 개인이 죽음이라는 진단을 받았을 때 처음 나타내는 죽음을 인정하지 않는 방어기제는 무엇인가?

27 다음[보기]의 연구 방법은 어떤 것에 관한 것인지 답하시오.

- 많은 시간과 경비가 소요된다.
- 오랜 시간 터놓고 이야기하여 심도 있는 자료를 수집할 수 있다.

28 프로이트의 정신분석 이론에서 '태어나서 1세까지 시기'의 리비도가 입술에 집중되는 첫 시기를 무엇이라 하는가?

29 피아제의 인지발달 단계 중 추상적 추론이 가능하게 되며 조합적 사고를 할 수 있는 시기는?

30 임신부가 출산일이 가까워지면 '분비물에 혈액'이 약간 섞여 나오는데 이를 무엇이라고 하는가?

31 다음 [보기] 내용과 같은 발달장애를 보이는 것은 무엇인가?

- IQ 60 이하가 해당한다.
- 염색체 이상으로 발생하는 질환이다.
- 연로한 어머니에게서 태어난 영아에게 비교적 많이 발생한다.
- 넓고 납작한 코, 달걀 모양의 튀어나온 작은 눈, 짧고 넓은 네모진 모양의 손과 발이 특징이다.

32 다음 (   )에 알맞은 의사소통 기술은 무엇인가?

아동기에 대상참조적 의사소통기술이 발달한다. 이 시기의 아동들은 상대방의 나이, 성별, 이해 정도, 사고방식 등 어렴풋하게나마 이해하고 그에 알맞게 자기 말을 조절해서 할 수 있게 된다. 상대방의 발달적 특성을 고려해 자신의 언어를 적절하게 선택해서 구사할 수 있는 능력과 기술을 (   )의사소통 기술 이라고 한다.

33 노년기의 시작지점은 다양하다. "국민연금법"에서 노령연금 수급권자는 몇 세로 규정하는가?

04 인간발달 실전모의고사 제 4 회

※ 다음 문제를 읽고 답하라.

01 홀랜드가 제시한 직업과 관련한 성격 유형 중 '다른 사람들을 거느리거나 지배하려는 유형'으로 다음 중 '대인관계의 기술이 뛰어나고 자기 주장이 강한 직업유형'은?

① 관습형
② 기업가유형
③ 사회형
④ 탐구형

02 다음 중 학습의 개념으로 가장 적절한 것은?

① 일정한 목표를 깊이 생각하는 의지의 문제이다.
② 나무의 열매가 충분히 익어 가는 것이다.
③ 생물체가 크기, 무게, 부피 등을 증가하는 일이다.
④ 연습과 경험을 통해 이루어지는 변화를 말한다.

03 다음 중 인간발달 현상에 나타나는 보편적이고 일반적인 원리로 옳은 것은?

① 특수 활동에서 전체 활동의 방향으로 이루어진다.
② 인간의 발달 속도는 누구에게나 일정하며 동일하다.
③ 말초에서 중심의 방향으로 발달이 이루어진다.
④ 발달에는 일정한 순서가 있다.

04 다음 중 인간발달에 영향을 미치는 '환경 요인'에 속하지 않는 것은 무엇인가?

① 대중매체
② 부모의 양육방식
③ 유전과 기질
④ 기후

05 다음 중 '환경에 영향을 미치는' 지능 발달이 가장 발달하는 시기는?

① 출생～만 4세
② 만 4세～8세
③ 만 8세～12세
④ 만 12세～18세

06 다음 중 발달과 관련되는 설명으로 옳지 않은 것은?

① 발달의 속도는 영양 상태에 따라 다르다.
② 발달의 속도는 신체, 인지, 성격, 도덕성 등 영역마다 다르다.
③ 발달의 속도는 사람마다 개인차가 있다.
④ 발달의 속도는 모든 단계에서 비슷하다.

07 다음 중 중년기 학부모의 역할로 거리가 먼 것은?

① 상담자의 역할
② 보호자의 역할
③ 치료자의 역할
④ 역할 교육자

08 다음 중 '근면성 대 열등감'의 특성을 갖는 에릭슨의 발달 시기와 다른 단계는 무엇인가?

① 나이는 약 2∼3세 시기
② 기초적 지적 기술 습득
③ 기초적인 사회적 기능 습득
④ 자아 성장의 결정적 시기

09 다음 중 이 시기를 에릭슨은 무엇이라고 했는가?

'자신을 시험해 보는 여러 가지 시도를 하는 자기 실험 기간은 어떤 문화에서든지 청소년들에게 불문율로 허용한다.'

① 심리적 유예기
② 발달의 위기
③ 결정적시기
④ 과도기

10 다음 중 아동기에 외부세계에 대해 자신이 생각하는 것이 전부이며 유일하고 가능한 것으로 생각한다. 모든 사람들이 자신과 똑같은 방식으로 사물을 보고 있다고 생각하며 느끼는 아동기 특징은 무엇인가?

① 꿈의 실재론
② 자아 중심성
③ 물활론적 사고
④ 직관적 사고

11 다음 중 피아제의 구체적 조작기의 특성이 아닌 것은 무엇인가?

① 서열화가 가능해진다.
② 조합적 사고가 가능하다.
③ 보존개념이 생긴다.
④ 탈중심성이 나타난다.

12 다음 중 콜버그의 도덕성 발달이론 단계에서 최상위의 도덕 발달 단계는 무엇인가?

① 복종과 처벌지향
② 상대적 쾌락주의
③ 법과질서지향
④ 보편적 원리

13 다음 중 볼비(Bowlby)가 제시한 가장 마지막에 나타나는 애착의 단계는 무엇인가?

① 낯익은 사람에 초점 맞추기
② 무분별한 반응기
③ 동반자적 행동
④ 능동적 접근 추구

14 '생후 6개월 된 아이가 손님이 우산을 탁자 위에 놓는 것을 보고 울다가 어머니가 우산을 우산 꽂이에 넣었더니 울음을 그쳤다.' 이러한 민감기 시기에 나타나는 욕구는 무엇인가?

① 언어에 대한 민감기
② 양손사용에 대한 민감기
③ 세부에 대한 민감기
④ 질서에 대한 민감기

15 다음 '임신 2개월부터 출산 전까지의 기간'을 무엇이라 하는가?

① 배아기
② 영아기
③ 태아기
④ 배란기

16 임신부의 최종 월경 시작일이 2019년 10월 20일인 사람의 출산예정일은?

① 2020년 1월 27일
② 2020년 1월 13일
③ 2020년 7월 27일
④ 2020년 7월 13일

17 다음 중 "정향반응이 굳어져서 나타나는 것'으로 자극이 계속적이거나 반복될 때 이루어지는 것은?

① 주의 집중
② 조건화
③ 습관화
④ 보편화

18 다음 중 '에인스워스'가 구분한 애착 유형 중 '엄마와의 격리에 대해 불안감을 나타냈으나 엄마와 재결합 되었을 때는 반갑게 맞이하고 쉽게 엄마에 의해 안정이 된 애착 유형은?

① 안정 애착
② 불안 저항애착
③ 안정 불안애착
④ 불안 회피애착

19 다음 중 ( )안에 알맞은 연령은 몇 세 인가?

'영아기는 출생에서 만 ( )세 시기' 이다.

① 만2세
② 만4세
③ 만5세
④ 만6세

20 피아제가 주장한 유아 사고의 주관적 특징으로 거리가 먼 것은?

① 목적론
② 물활론적 사고
③ 경험적 사고
④ 현상론적 인과관계

21 다음 [보기]의 내용과 관련 있는 놀이는?

한두 명의 놀이지도자가 있으며 규칙에 따라 각자의 역할이 정해지는 조직적인 놀이이다.

① 방관자적 행동
② 협동놀이
③ 연합놀이
④ 나란히 놀이

22 다음 중 '클럭혼'의 가치관 모형에 따를 때 현재 지향적인 사람의 인간관계 특징으로 올바른 것은?

① 전제적
② 이기적
③ 횡적
④ 종적

23 다음 아동의 공격적 행동 조절 및 통제 방법으로 거리가 먼 것은?

① 공격적 행동의 유해한 결과 인식제고
② 육체적 제재와 벌
③ 협동적 친사회적 활동의 장려
④ 정화 방법

24 다음 중 청소년의 문제 행동에 대한 설명으로 가장 옳지 않은 것은?

① 가족 불화와 청소년 비행은 상관관계가 없다.
② 학업 부진의 원인은 피로감과 게으름 등이 원인일 수 있다.
③ 학업 부진은 사회문화적 요인과 심리적 요인의 영향이 있다.
④ 비행의 원인은 사회적인 원인 및 성격적인 원인이 있다.

25 다음 중 청년기에는 독립성에 대한 '양가적 감정'이라는 정서적 특성을 보인다. '양가적 감정의 의미'란 무엇인가?

① 생리적 욕구와 의·식·주가 개선된 상태
② 마음이 맑아져 지혜롭고 편안한 상태
③ 집단에서 자기 존재를 확인하여 소속감이 고취된 상태
④ 새로운 특권은 즐기고 싶으면서, 수반되는 책임은 회피하려는 상태

26 다음 중 자기 객관화에 대한 설명으로 옳은 것은?

① 통합된 자기 철학을 갖는 것을 말한다.
② 정서적인 안정감의 정도를 말한다.
③ 자기에 대한 정확한 지식, 통찰력을 말한다.
④ 자기의 개방성을 의미한다.

27 성격에 대한 여러 이론 중 발달적 측면이 체계적으로 제시된 이론으로 대표적인 것이 프로이트 이론이다. 프로이트의 원초아(Id)의 욕구를 충족시키기 위해 '현실적 방법'을 찾아내는 일을 하는 성격의 구조는 무엇인가?

28 아동기에 혼자 바른 답을 찾아내던 아동이, 또래 아동들이 틀린 답을 골라내는 것을 보고 자신도 틀린 답을 골라내는 경향이나 현상을 무엇이라 하는가?

29 아동의 전인적인 발달을 돕는 것 이외에도, 교구, 활동, 교육 방법들을 통해 일상생활 경험을 통한 미래의 준비를 교육의 주요 목표로 제시한 학자는?

30 '성공적인 지도자는 비 성공적인 지도자보다 총명'하며, '우수한 구성원을 판단하는 데 더 능숙'하고, '구성원과 자신과의 관계 유지도 원만하게 해 나간다'고 연구한 학자는 누구인가?

31 다음 [보기]와 같은 발달장애를 보이는 질병은 무엇인가?

> – 10,000명 중 1~3명 정도로 나타난다.
> – 주위 일에 무관심하고, 반복적인 행동을 나타낸다.
> – 뇌의 발달장애로 인한 질병이다.
> – 대인관계를 맺고 유지하는 일에 어려움을 갖는다.

32 어떤 대상을 눈으로 본 다음 그 대상에 대한 표상이 짧은 시간 동안은 생생히 기억되지만, 4분의 1초 이후에는 더 이상 기억하지 못한다. 짧은 기간 동안만 간직되는 기억을 무엇이라 하는가?

33 정상적으로 성숙한 뇌의 기능이 노년기에는 후천적 외상이나 질병 등으로 손상, 파괴된다. 전반적으로 지능, 학습, 언어 등 인지 기능, 정신 기능이 떨어지게 되는데, 이러한 복합적인 증상을 무엇이라 하는가?

05 인간발달 실전모의고사 정답 및 해설

실전모의고사 제1회 정답 및 해설

01 정답 **자연관찰법**

해설 행동관찰이 가능한 자연적인 상황에서 관찰 대상의 행동을 관찰하여 기록하고 그 기록을 분석하는 자연관찰법이다.

02 정답 ③

해설 아동기는 성인기의 기초가 형성되는 기간이다. 아동의 발달에서 경험되는 모든 경험은 성인기 행동의 여러 특성을 결정하는 원인이 된다는 것이다. 우리의 서너 살 때 모든 경험이 인생 말기까지 기초를 형성한다는 뜻으로 해석될 수 있다.

03 정답 ④

해설 반두라(Bandura)는 관찰학습의 요소로 주의 과정, 파지 과정, 운동 재생 과정, 강화와 동기적 과정의 4단계를 들어 그의 사회학습이론을 설명하였다.

04 정답 ①

해설 가족의 특성은 일차적 집단, 공동사회집단으로 외적인 요인으로 인해 분열되지 않는 본질적 결합 관계를 유지하는 집단이다. 폐쇄적 집단, 형식적 집단, 비형식적 집단 등 애정으로 결합되어 자유롭고 솔직하며 형식이나 예절에 구속되지 않는 집단이다. 개방적 집단과는 거리가 멀다.

05 정답 ①

해설 종단적 접근법은 동일한 개인이나 또는 집단을 연구 대상으로 정하며, 비교적 장기간 그들에게 나타나는 행동 특성의 변화, 즉 발달 현상을 계속 추적해 가며 조사 연구하는 접근법이다

06 정답 ④

해설 실험법은 연구방법 중에서 가장 엄격히 변인이 통제되는 방법이다. 실험의 목적에 따라 관계된 변인을 추측하며 이를 체계적으로 조작하고 통제하면서 실험을 되풀이할 수가 있다.

07 정답 ④

해설 발달에 대한 단계설은 기본적으로 인간의 성장 발달이 일정한 순서에 따라 일어나며, 행동 특징은 심리적 구조가 형성되었을 때 비로소 나타난다고 본다. 비단계설은 특정한 행동 변화는 경험과 훈련에 의하여 점진적으로 행동 변화가 형성된다고 본다. 대표적인 비단계 이론으로는 학습이론을 들 수 있다.

08 정답 ④

해설 프로이트는 남근기 시기의 남아는 오이디푸스 콤플렉스를 경험하게 되고, 여아는 엘렉트라 콤플렉스를 겪게 된다. 동성의 부모와는 갈등을 경험할 수밖에 없다.

09 정답 ②

해설 프로이트와 에릭슨 두 이론 모두 발달의 단계이론이다. 인간의 발달은 뚜렷한 몇 개의 단계를 거쳐서 이뤄진다는 발달의 단계설을 주장하고 있다.

10 정답 ③

해설 인생의 마지막 시기인 노년기에 해당되는 시기를 통합성이나 절망감을 형성하는 시기라고 했다.

11 정답 ②

해설 피아제의 인지발달이론에서 구체적 조작기는 7세–11세경이며 보존개념획득, 탈중심성, 자율적도덕관, 유목화인지가 가능하다. 조합적 사고가 가능한 시기는 '형식적 조작기'로 청소년기에 해당된다. 조합적 사고가 가능한 시기는 형식적 조작기에 해당된다.

12 정답 ④

해설 보편적 원리는 개인의 양심에 따라 행동한다. 현존하는 법칙에 따라 자기 양심의 소리에 우선적으로 따른다. 도덕발달의 최고 단계이다.

13 정답 ④

해설 부적 처벌이란 행동이 나타난 직후에 그 상황에서 즐거운 무엇을 빼앗거나 제거하는 행동치료방법이다.

14 정답 ②

해설 집단 무의식은 융의 독창적 개념으로 인류가 보편적으로 공유하는 신화적이고 상징적인 것을 나타내는 개념이다.

15 정답 ③

해설 난자는 모두 X염색체를 가지고 있고, 정자의 약 반수는 X염색체를, 나머지 반수는 Y염색체를 가지고 있다. 수정 시, X–X 염색체의 결합은 여성이 되고 X–Y염색체의 결합은 남성이 된다.

16 정답 ①

해설 천문(숫구멍)은 생후 일정 기간이 지나면 닫혀 없어진다. 이는 신생아의 뇌가 커짐에 따라 두개골을 신장시키고 변형될 수 있도록 하는 역할을 한다.

17 정답 ②

해설 물활론적 사고는 모든 사물을 살아 있다고 생각하여 생명이 없는 대상에게 생명과 감정을 부여하는 것이다. 점차 움직이는 것은 살아있다고 믿는다.

18 정답 ②

해설 프로이트는 놀이란 아동의 욕구가 충족되지 않았던 일을 놀이를 통해 억압된 감정을 해소하고 욕구를 충족시키며, 피아제는 아동의 인지발달에 기본적 활동으로서 아동 자신에게 현실을 동화시켜 가는 과정, 프뢰벨은 놀이를 지선의 표현으로 보았다. 손다이크는 놀이를 학습된 행동으로 보았다.

19 정답 ③

해설 비네검사는 지적 발달 수준이 정신연령(Mental Age)으로 나타난다.

20 정답 ①

해설 교사의 아동관, 교육관, 교직관, 직업에 대한 신념, 가치, 인성 특성은 아동의 모든 발달에 영향을 미친다. 저학년 아동일수록 교사의 기대에 더 큰 영향을 받았고, 낮은 사회계층 아동이 교사의 기대에 더 쉽게 영향을 받는다.

21 정답 ③

해설 청소년기 사고 발달 특성은 추상적, 가설 연역적, 체계 및 조합적 사고이다.

22 정답 ③

해설 청년기에는 자신의 사고를 대상화할 수 있게 된다. 따라서 내성적이 되고 자기분석과 자기비판도 할 수 있게 된다.

23 정답 ②

해설 성인기 발달 과업은 직업을 통한 자아실현, 동반자의 발견과 결혼, 성숙 인격을 갖추는 것이다.

24 정답 ④

해설 주위의 사건은 의견들을 받아들여서 살펴볼 수 있는 '개방성'이야말로 중년이 생산성의 절정을 이루는 기본 자질이 된다.

25 정답 ①

해설 장년기는 갱년기를 겪는 시기로서 강인한 자아 개념의 재수립과 자기 쇄신이 요구되며, 사회생활의 확장과 가족생활의 변화가 이루어진다.

26 정답 ③

해설 이탈이론에서는 노년기에 나타나는 사회적인 이탈은 하나의 자연스러운 과정에 불과한 것이지 결코 사회적 압력에 의해 밀려난 것을 의미하지는 않는다.

27 정답 **발달**

해설 어떤 사람의 행동이 이전보다 더 다양화되고 행동 구조가 더 정교해져 가는 변화를 발달이라고 한다. 성숙과 성장을 모두 포함하는 개념으로 바람직한 방향으로 일관성 있게 연속적으로 변화하는 것이다.

28 정답 **보존개념**

해설 구체적 조작기 시기에 보존 개념이 생긴다. 보존개념이란 사물의 양은 그 모양이 변하거나 여러 부분으로 나뉘어도 그 양이나 수가 변하지 않는다는 것이다.

29 정답 **웩슬러 검사**

해설 웩슬러 지능검사는 능력척도이다. 즉, 곤란도가 서로 다른 문제들로 구성된 검사를 모든 연령의 피검사자에게 실시한 후 그들의 득점으로써 지능 수준을 평가하도록 된 것이다.

30 정답 **에릭슨**

해설 에릭슨은 인간이 생의 전 과정에서 각 단계 마다 겪으며 발달의 위기를 서로 대립 되는 양극 개념으로 설명하며 심리사회적 발달이론을 구축했다.

31 정답 **생활연령**

해설 지능지수 IQ=생활연령(CA)/정신연령(MA)×100이 산출 공식이다. 지능에서 CA는 Chronological Age(생활연령)이다. MA는 Mental Age(정신연령), IQ는 Intelligence Quotient(지능지수)의 약자이다.

32 정답 **빈 둥지 증후군**

해설 장년기 빈 둥지 증후군은 주 양육자 역할을 맡는 여성에 많이 나타난다. 자녀들이 모두 독립하여 집을 떠나는 시기에 부모가 느끼는 상실감과 슬픔을 뜻하는 것은 '빈 둥지 증후군'이다

33 정답 **열정**

해설 열정은 대체로 사랑을 느끼는 순간 맨 처음 나타나는 사랑의 구성 요소이지만 오래된 관점에서는 가장 먼저 사라지는 요소이다.

01 정답 ①

해설 인간 발달의 원리에는 결정적 시기가 있다.

02 정답 ④

해설 단계설은 인간발달의 과정에는 일정한 단계들이 있고 결정적 시기가 있다. 비단계설은 경험과 훈련에 의해 점진적으로 행동 변화가 형성되는 것으로 양적으로 증가하는 발달곡선이 있을 뿐이라고 주장하는 것이 비단계설이다.

03 정답 ④

해설 본능은 원시적인 여러 쾌락 추구의 충동을 만족시키려 드는 작동을 하기 때문에 쾌락 원리에 의해 작동된다.

04 정답 ③

해설 프로이트 성격발달이론에서 자아는 본능의 욕구를 현실적인 방법으로 해소하기 때문에 '현실 원리'에 따르게 된다.

05 정답 ②

해설 에릭슨의 발달 단계는 기본적 신뢰감 대 불신감, 자율성 대 수치감 자발성 대 죄책감, 근면성 대 열등감, 정체감 대 정체감 혼미, 친밀감 대 고립감, 생산성 대 침체감, 통합성 대 절망감이다.

06 정답 ②

해설 구체적 조작기의 특징은 내적 표상, 유목 포함 문제 해결, 보존 개념 이해, 서열화 능력이다.

07 정답 ②

해설 인습적 도덕 수준은 착한 아이 지향과 법과 질서 지향이다.

08 정답 ①

해설 볼비는 동물의 각인이론을 인간의 애착과 비교하여 두 행동 간에는 동일한 기제가 존재한다고 주장하였다. 아동이 애착 대상과 격리가 되면, 처음에는 반항, 절망, 마지막 단계는 초월 상태가 된다.

09 정답 ②

해설 남자에겐 여성적 측면이 꿈이나 환상 속에서 남성 속의 여성, 즉 아니마(anima)로 나타나고, 여자에게는 여성 속의 남성, 즉 아니무스(animus)가 된다.

10 정답 ②

해설 임신을 하면 자궁이 커져서 방광을 누르게 되어 소변을 자주 본다.

11 정답 ④

해설 영아의 대부분의 수면은 REM상태이며 성숙함에 따라 렘수면 주기의 양이 감소한다.

12 정답 ①

해설 인간이 태어날 때 가지고 있는 '언어 습득 장치'는 언어자료를 처리하고 가공하며 규칙을 구축하고 문법적 문장을 이해하게 해준다.

13 정답 ④

해설 부부가 진정한 반려 의식을 결실을 맺기 위해서는 상호 존중하는 태도와 내조와 외조 그리고 일체감을 발달시켜야 한다.

14 정답 ③

해설 비네검사는 지적 발달 수준이 정신연령(Mental Age)으로 나타난다.

15 정답 ②

해설 자폐증은 영아기 대표적인 발달장애이다.

16 정답 ③

해설 청소년기 사고 발달 특성은 추상적 사고, 가설 연역적 사고, 체계 및 조합적 사고이다.

17 정답 ③

해설 자아정체감은 에릭슨이 처음 사용한 개념으로 개인적인 독특성의 의식적 지각으로, 성격의 연속성이나 일관성을 유지하려는 무의식적 노력인 동시에 집단구성원과 이념과의 결속성을 의미한다.

18 정답 ④

해설 매클레란드의 성취동기 육성 원리는 성취동기를 육성시켜 보겠다는 의욕과 신념, 성취동기 개념의 명확한 파악, 성취동기 실생활에의 구현, 결과에 대한 관심, 온정적 인간관계는 성취동기의 육성 원리이다.

19 정답 ④

해설 장년기의 특징은 상실감의 시기, 제2의 사춘기, 빈둥지증후군 시기, 정체성 위기의 시기이다.

20 정답 ③

해설 에릭슨은 자아와의 밀접한 '친교 능력'을 지니게 됨을 성숙으로 보고 있다. 친 사회적 활동과 만남을 통해 성장하며 성숙을 이루어갈 수 있다.

21 정답 ④

해설 고령 인구의 비율 구성은 노년기 시작을 65세로 규정한다.

22 정답 ①

해설 노년학자인 버틀러(Robert Butler)는 노년기의 '성격역동이론'을 주장하였다.

23 정답 ②

해설 민주적 지도자의 특성: 책임감, 활동성, 지성 및 지구력, 사교성, 의지력, 분석력, 판단력, 자제력 및 열의 등이 있다.

24 정답 ④

해설 올포트의 자기 수용을 성숙으로 보는 자아 이론이다. 통일된 인생 철학을 지니고 자아감을 확충시키는 것이 성숙이다.

25 정답 ③

해설 대중매체의 장점은 치료적 역할, 어휘력 증진, 지적 성장 자극이다.

26 정답 **조직화**

해설 조직화는 일정한 단위로 나누어 외우려는 전략이다. 암송은 자발적으로 외우려는 경향이 증가하며, 연상 또는 정교화는 암기해야 할 정보들을 상호 관련 짓거나 정교화시켜 외우는 것이다.

27 정답 **성장**

해설 성장은 신체상의 양적인 변화를, 성숙은 운동 기능이나 감각기능, 내분비선의 변화에 의해 생기는 신체기능이 유능해지는 것이다.

28 정답 **아동기**

해설 6~12세까지를 아동기, 학동기라 하며 피아제의 인지발달이론에 따르면 구체적 조작기에 해당한다. 이 시기는 지각의 탈 중심화가 나타난다. 그래서 동시에 다면적 사고가 가능해진다.

29 정답 **동일시**

해설 동일시는 유아가 부모나 교사 등을 닮아가는 것으로 그들의 감정, 가치, 태도 등을 모방하다가 마침내는 무의식적으로 수용하며 내면화하게 되는 것을 의미한다.

30 정답 **물활론적 사고**

해설 물활론적 사고는 유아는 모든 사물을 살아있다고 생각하여 생명이 없는 대상에게 생명과 감정을 부여한다. 그러다가 점차 움직이는 것은 모두 살아 있다고 믿고 움직이지 않는 것은 산 것이 아니라고 믿는다.

31 정답 **두미발달경향**

해설 유아의 발달과 성숙에서 연령 단계별로 유아의 특징과 능력에 대한 표준을 만들어 보편적인 아동 발달의 패턴을 제시하였다. 신생아는 '다리 부분보다 머리 부분'이 더 빨리 성숙하며, '팔의 협응이 다리의 협응에 선행'되는데, 이러한 경향이 '두미(cephalocaudal)발달 경향' 이다.

32 정답 **볼비**

해설 볼비는 시설수용 아동이 타인과 친밀하고 지속적 친밀 관계를 형성하지 못하는 것은 마치 어떤 인물에 대한 각인의 기회가 없었기 때문이라고 했다.

33 정답 **후인습적 도덕 수준**

해설 후인습적 도덕 수준에서는 도덕성이 완전히 내면화되며 타인의 규범을 바탕으로 하지 않는다.

01 정답 ③

해설 학습은 연습과 경험을 통해 이루어지는 변화를 말하며 연습과 경험을 통하여 생기는 변화이다.

02 정답 ①

해설 발달은 상체에서 하체의 방향으로 이루어지며, 발달은 중심에서 말초의 방향으로 이루어진다. 또한, 발달은 전체 활동에서 특수 활동으로 이루어진다.

03 정답 ④

해설 유전요인의 작용이 비교적 큰 것은 신체적 특질이다. 눈의 빛깔, 코의 모양, 피부 색깔, 머리색 고수머리는 유전된다. 대머리나 쌍꺼풀눈은 우성 유전 요인, 색맹이나 피부색은 열성 유전 요인이라 한다.

04 정답 ③

해설 프로이트는 인간의 정신세계를 의식, 전의식 및 무의식으로 나눈다. 성격의 구조는 원초아(id), 자아(ego), 초자아(superego)로 설명한다.

05 정답 ③

해설 프로이트는 심리성적 발달이론에서 성적 에너지가 성감대를 찾아 신체의 부위로 옮아가는 과정을 발달로 보았다. 아이들이 성적인 수치심이나 의심에 비해 '자율성'을 더 발달시키면 '의지'가 발달된다. 의지는 스스로의 뜻에 따라 조절하려는 결심을 뜻한다.

06 정답 ③

해설 자아정체감이란 에릭슨(Erikson)이 처음으로 체계적으로 사용한 개념으로서, 자기의 위치나 능력, 또는 역할과 책임 등에 대한 의식이며 확신이라고 할 수 있다.

07 정답 ③

해설 인생의 마지막 시기인 노년기에 해당되는 시기를 통합성이나 절망감을 형성하는 시기라고 했다.

08 정답 ①

해설 프로이트의 정신분석 이론에서 전조작기는 3~5세경으로 상징적 활동이 증가하고 직관적 사고, 자아 중심성, 물활론적 사고, 도덕적 실재론, 꿈의 실재론의 시기이다.

09 정답 ②

해설 콜버그의 도덕성 발달단계 1단계는 전인습적 도덕 수준으로(2~6세) 아동들의 외적 요인들에 의해서 행위를 결정한다. 2단계 인습적 도덕 수준(6~12세)은 착한 행동을 하는 것과 전통적 인습적인 사회질서를 유지하는 것으로 도덕을 정의하며 처벌과 복종지향이다. 3단계 후인습적 도덕수준(12~20세)은 공통적인 기준이나 권리 및 의무에 따라 행동한다.

10 정답 ③

해설 반두라(Bandura)는 관찰학습의 요소로 주의 과정, 파지 과정, 운동 재생 과정, 강화와 동기적 과정의 4단계로 사회학습이론을 설명하였다.

11 정답 ①

해설 융은 '기능 비대칭'은 발달의 가장 높은 단계에서 인간은 정면이 아니라 측면에서 가장 효과적으로 기능한다는 원리이다. 경직성 목반사에서 비대칭적 경향을 볼 수 있다.

12 정답 ②

해설 모체의 변화는 월경 중지, 입덧, 유선 발달, 복부의 중앙선과 배꼽 외음부의 빛깔이 검어지고 기미도 낀다. 소변이 잦다. 쉽게 피로를 느끼고 두통을 호소하고 태동 복부가 커진다. 또 분비물이 증가한다.

13 정답 ①

해설 기관의 발달 중 외배엽은 피부의 표피, 손톱, 발톱, 뇌, 척추, 치아가 된다. 근육과 골격은 중배엽이고, 내배엽은 폐, 간, 소화기관이 된다.

14 정답 ②

해설 언어 발달의 기초가 되는 것이 울음이다. 생후 약 1개월간 영아의 울음이 분화되지 못한다. 생후 약 2개월경 울음이 분화되어 배고픈지, 기저귀가 젖었는지, 아픈지 등을 알 수 있고, 쿠잉을 한다.

15 정답 ②

해설 변별력은 여러 대상의 특성 또는 속성을 지각하여 알아내는 능력이다.

16 정답 ②

해설 병행놀이(나란히 놀이)는 같은 공간에서 다른 어린이가 가지고 노는 것과 같은 종류의 장난감을 가지고 노는 것을 말하는데 상호간에 지켜야 할 놀이 규칙이 있는 것은 아니며, 그네타기, 미끄럼타기 등 대체로 2~4세경의 놀이이다.

17 정답 ③

해설 ①은 민주형, ②는 독재형, ④는 무관심형에 대한 설명이다. 바움린드는 허용형의 부모는 일관성 없이 훈육한다고 말한다.

18 정답 ②

해설 지능검사에는 비네검사, 스탠포드-비네검사, 웩슬러 지능검사(WISC), 카우프만 검사 등이 있다.

19 정답 ④

해설 공격적 행동은 그 행동의 원천인 욕구불만 등을 해소시켜 줌으로써 줄일 수 있다. '정화 방법'은 놀이 치료 등에 많이 활용된다.

20 정답 ③

해설 사춘기 행동의 특징은 피로감, 사회적 충돌, 침착성 부족, 권위에 반항 및 반발이다.

21 정답 ①

해설 정체감 혼미단계에서는 뚜렷한 직업관이나 종교 및 정치관을 갖지 못한다. 청년은 이 시기까지 어떤 위기도 경험한 적이 없거나 적극적으로 사태와 부딪쳐서 어떤 결정을 선택하려는 의욕도 갖지 못한다.

22 정답 ④

해설 올포트는 성숙인의 따뜻한 인간관계로 두 가지를 설명했다. 그 하나는 '친근감'이고, 나머지 하나는 '동정의 마음'이다. 성숙인은 부모, 형제는 물론이고 친구, 동료 등 주위의 많은 사람들에게 친근감과 동정심을 갖는다.

23 정답 ③

해설 부모의 권위 의식에서 비롯된다. 부모 자녀 간의 갈등은 생활 의식의 차이, 생활 의식의 차이로, 이상이나 원칙보다 현실 그대로 적응하려는 기성세대의 이중성을 관대하게 받아들이지 못하는 것이다.

24 정답 ④

해설 장년기 자아개념 재수립은 갱년기적 신체적 정신 변화로 인한 불안, 자녀 독립에 따른 상실감, 긴장감 감소 자아에 대한 회의 등이 나타날 수 있으므로 긍정적 자부심을 갖고 자존감을 높여야 한다.

25 정답 ④

해설 구원요청형은 주위의 가족이나 친척에게 의존할 수 있는 것으로부터 심리적 만족과 안정을 얻으며 살아가는 사람이다.

26 정답 **부정**

해설 퀴블러로스가 제시한 죽음을 인정하지 않는 방어기제는 '부정'이다.

27 정답 **면담법**

해설 많은 시간과 경비가 소요되지만, 오랜 시간 터놓고 이야기하여 심도 있는 자료를 수집할 수 있다.

28 정답 **구강기**

해설 프로이트의 정신분석 이론에서 약 1세까지 시기로, 리비도가 입, 혀 입술 등 구강에 집중되어, 즉 구강이 성감대가 된다고 본다. 이 시기 어머니(주 양육자)에게 애착이 형성된다.

29 정답 **형식적 조작기**

해설 피아제의 '형식적 조작기'는 추상적 사고, 조합적 사고, 연역적 사고, 이상향의 개념도 갖게 된다.

30 정답 **이슬**

해설 이슬은 일반 출혈과 달리 혈액이 섞인 점액으로 끈적끈적하다.

31 정답 **다운증후군**

해설 다운증후군은 선천적, 생물학적인 장애로 IQ 60 이하이다. 연로한 어머니에게서 태어난 영아에게서 많이 발생한다.

32 정답 **대상참조적**

해설 아동기에 대상참조적 의사소통기술이 발달한다. 이 시기 아동들은 상대방의 나이, 성별, 이해 정도, 사고방식 등과 같은 것을 어느 정도 이해하고 그에 알맞게 자기 말을 조절해서 할 수 있게 된다. 이와 같이 상대방의 발달적 특성을 고려해 자신의 언어를 적절하게 선택해서 구사할 수 있는 능력과 기술을 (대상참조적) 의사소통기술이라고 한다.

33 정답 **60세**

해설 "국민연금법"에서 노령연금 수급권자는 60세이다.

01 정답 ②

해설 홀랜드 이론은 사람은 6개의 유형으로 RIASEC(현실형, 탐구형, 예술형, 사회형, 진취형, 관습형)으로 분류한다. 기업가 유형은 다른 사람들을 거느리거나 지배하려는 진취형으로 대인 관계의 기술이 뛰어나고 자기주장이 강한 유형이다.

02 정답 ④

해설 학습은 연습과 경험을 통해 이루어지는 변화가 학습이다.

03 정답 ④

해설 인간발달은 일정한 순서가 있다. 발달은 상체에서 하체의 방향으로 이루어지고, 중심에서 말초의 방향으로 이루어지며, '전체 활동에서 특수 활동의 방향'으로 이루어진다.

04 정답 ③

해설 환경은 한 인간을 둘러싼 외적인 조건으로서 인간에게 영향을 미치는 모든 외적 조건이며 물리적 조건과 심리적 조건으로서 인간을 양육하는 부모의 태도, 육아 방식이다. 환경 요인은 영양, 기후, 가족, 단체, 대중매체, 계층 문화, 부모의 양육 방식, 가치관, 부모의 종교 등이다.

05 정답 ①

해설 지능의 약 50%는 5세 이전까지 발달한다. 아동의 환경 조건이 되는 영양 상태나 지적, 교육적 자극, 문화적 환경에 따라 50%까지 지능을 발달시킬 수 있다.

06 정답 ④

해설 발달의 개인차는 있으며, 발달은 개인의 지능이나 성격, 신체적 특질, 호기심 등과 영양 상태에 따라서 개인차가 생긴다.

07 정답 ③

해설 중년기 학부모의 역할은 상담자의 역할, 보호자의 역할, 역할 교육자이다.

08 정답 ①

해설 에릭슨의 근면성 대 열등감 시기는 초등학교 시기이다. 자아 성장에 있어서 결정적 시기는 초등학교 시기이며, 기초적인 지적 기술과 사회적 기능을 습득하게 된다. 2~3세는 자율성 대 수치심 시기이다.

09 정답 ①

해설 에릭슨의 자기 실험 기간은 어떤 문화에서든지 청소년들에게 불문율로 허용하며 에릭슨은 정체감 대 정체감 혼미시기를 '심리적 유예기'라고 한다.

10 정답 ②

해설 자아 중심성은 사물을 자기의 입장에서 본다. 타인의 관점은 이해하지 못하며, 사람들이 다 자신과 똑같은 방식으로 사물을 보고 생각한다는 것이다.

11 정답 ②

해설 보존개념을 획득하는 시기는 7세~11세사이로 구체적 조작기이다. 조합적 사고가 가능한 시기는 형식적 조작기에 해당된다.

12 정답 ④

해설 '보편적 원리'는 개인의 양심에 따라 행동하며 도덕발달의 최고 단계이다. 현존하는 법칙에 따라 자기 양심의 소리에 우선적으로 따른다.

13 정답 ③

해설 볼비(Bowlby)가 제시한 애착의 단계는 무분별한 반응기→ 낯익은 사람에 초점 맞추기→ 능동적 접근 추구 → 동반자적 행동 이다.

14 정답 ④

해설 '질서에 대한 민감기'는 생후 3년 동안에 첫 번째 민감기시기에 나타난다. 이 시기 아동들은 질서에 대해 강한 욕구를 지닌다.

15 정답 ③

해설 배란기는 난소에서 난자가 배란되는 시기이며, 배아기는 배란이 자궁벽에 착상된 뒤 약 2~8주간을 말하며, '태아기는 임신 2개월부터 출산 전까지' 이다.

16 정답 ③

해설 출산예정일은 대체로 수정이 된 후 280일이다. 일반적으로 최종 월경 일을 기준으로 한다. 최종 월경의 월 수에 9를 더하고, 월경 시작 일에 7을 더하여 출산 예정일을 산출한다.

17 정답 ③

해설 습관화는 정향 반응이 굳어져서 나타난다. 자극이 낯설고 새로운 것일 때는 영아가 정향 반응을 나타내지만, 그런 자극이 계속적이거나 반복될 때는 정향 반응이 사라지고 습관화가 이루어지게 된다.

18 정답 ①

해설 애착을 형성한 영아는 낯선 상황에서 주변을 탐색하려고 엄마로부터 쉽게 떨어진다. 격리에 대해 불안감이 있으나 재 결합시 안정이 된다.

19 정답 ①

해설 출생에서 만 2세경까지 영아기라고 한다.

20 정답 ③

해설 유아 사고의 주관적 특징은 목적론, 물활론적 사고, 현상론적 인과관계이다. 경험적 사고는 반복적이고 측정 가능한 객관적인 사고이다.

21 정답 ②

해설 협동놀이는 한두 명의 놀이 지도자가 지휘를 하며, 팀을 조직하거나 어떤 조직의 규칙에 따라 각자의 역할이 정해지고 그에 따라 이루어지는 조직적인 놀이로서 협력관계에서 이루어지는 놀이이다.

22 정답 ③

해설 장년기에는 새로운 모험, 신중을 기하고 익숙한 방법을 고수하여 현재지향적인 태도를 갖게 된다. 인간관계에 있어 현재지향적인 사람은 '횡적'인 데 반해 미래지향적인 사람은 개인주의적 특성을 나타낸다.

23 정답 ②

해설 부모로부터 자주 벌을 받거나 처벌하는 데 일관성이 없는 경우, 공격적 행동의 TV프로그램을 본 어린이는 그렇지 않은 어린이에 비해 공격적 행동을 더 많이 나타낸다. 공격적 행동을 조절, 통제하는 데는 협동작업, 친사회적 활동이 필요하다.

24 정답 ①

해설 가족생활의 불화, 부모, 자녀 간의 불화는 가족생활에 대한 부적응이 되고 부모에 대한 적대 행동을 시도하는 원인이 된다.

25 정답 ④

해설 독립성에 대한 양가적 감정이란 정서적 특징을 보이는데, 새로운 특권을 즐기려 하면서도 그에 수반되는 책임은 회피하려는 성향이다.

26 정답 ③

해설 자기를 객관화를 할 수 있는 힘은 자신에 대한 적절한 '지식'을 갖는 것, 주관적 자아와 실제 자아 사이의 관계에 대한 '통찰'을 요구한다.

27 정답 **자아**

해설 성격의 구조는 원초아, 자아, 초자아이며, 본능과 초자아 사이에서 본능의 욕구를 현실적인 문제해결, 초자아의 지나친 도덕적 규제를 완화시키는 일을 하는 것이 자아이며, 자아는 현실의 원리에 따른다.

28 정답 **동조**

해설 아동은 초등학교 입학과 동시에 보다 다양한 친구들과 다양한 성격, 사고, 행동양식을 보이는 많은 또래와 접촉한다. 또래 아동의 어휘, 몸짓 동작 등을 본뜨기도 하고, 또래 아동과 동일한 장난감이나 소지품 등을 갖고자 하는 '동조' 현상을 보인다.

29 정답 **몬테소리**

해설 몬테소리 교구, 활동, 교육 방법들은 몬테소리가 어린이들이 스스로 창조하는 것을 돕기 위해 만든 것이다.

30 정답 **피들러(Fiedler)**

해설 피들러(Fiedler)는 성공적인 지도자는 비성공적인 지도자보다 총명하고 우수한 구성원을 판단하는 데 더 능숙하고 구성원과 자신과의 관계 유지도 더 원만하게 해나간다고 한다.

31 정답 **자폐증**

해설 자폐증이란 뇌의 발달장애로 인한 질병인데 10,000명 중 1~3명 꼴이다. 자폐증의 증상으로는 사회적 고립, 정신지체, 언어적 결함, 행동 장애 등이 있다.

32 정답 **감각기억**

해설 어떤 대상을 눈으로 본 다음에 그 대상에 대한 표상이 약 4분의1초 동안은 생생히 기억되지만, 4분의 1초 이후에는 더 이상 간직되지 못하는 경우가 있다. 짧은 기간 동안만 간직되는 기억이 '감각기억'이다.

33 정답 **치매**

해설 치매는 일단 정상적으로 성숙한 뇌가 후천적인 외상이나 질병 등 외인에 의해 손상 또는 파괴되어 전반적으로 지능, 학습, 언어 등의 인지 기능과 고등 정신 기능이 떨어지는 복합적인 증상이다.

참고문헌

성현란, 성은현 외(2022). 발달심리학. 서울: 학지사.

신명희, 서은희 외(2023). 성격심리학. 서울: 학지사.

유영주(1996). 신가족관계학. 서울: 교문사.

이승복 역(2011), 언어발달. 서울: 시그마프레스.

임은미, 강지현 외(2023). 인간발달과 상담 서울: 학지사.

정옥분. (2023). 전생애 인간발달-전생애 인간발달. 서울: 학지사.

정옥분. (2023). 전생애 인간발달의 이론 서울: 학지사.

조복희, 도현심 외(2016). 인간발달 서울: 교문사.

Ainsworth, M. D. S., & Eichberg, C. G. (1992). Effects on infant-mother attachment of mother's experience related to loss of an attachment figure. In C. M. Parkes,J. Stevenson-Hinde, & P. Marris (Eds.), Attachment across the life cycle (pp. 160-183). New York: Routledge.

Ainsworth, M. D. S., Blecher, M., Waters, E., & Wall, S. (1978). Patterns of attachment. Hillsdale, NJ: Erlbaum.

Aldwin, C., & Gilmer, D. (2004). Health, illness, and optical aging: Biological and psychosocial perspectives. Thousand Oaks, CA: Sage Publications.

Allport, G. W. (1961). Pattern and growth in personality. New York: Holt, Rinehart & Winston.

Anderson, D. R., Lorch, E. P., Field, D. E., Collins, P. A., & Nathan,J. G. (1986). Television viewing at home: Age trends in visual attention and time with T. V. Child Development, 57, 1024-1033.

Andersson, B. (1992). Effects of day-care on cognitive and socioemotional competence of thirteen-year-old Swedish schoolchildren. Child Development, 63, 20-36.

Ando, A., & Modigliani, F. (1963). The 'Life Cycle' Hypothesis of saving: Aggregate implication and test. American Economic Review, 53(1), 55-84.

Andrews-Hanna,J. R.,Snyder, A. Z., Vincent,J. L., Lustig, C., Head,D.,Raichle,M. E., & Buckner, R. L. (2007). Disruption of large-scale brain systems in advanced aging. Neuron, 56, 924-935.

Antonucci, T. C., Akiyama, H., & Merline, A. (2001). Dynamics of social relationships in midlife. In M. E. Lachman (Ed.), Handbook of midlife development (pp.571-598). New York: Wiley.

Atchley, R. C. (1989). A continuity theory of normal aging. Gerontologist, 29, 183-190.

Baldwin, B. A. (1986). Puberty and Parents. PACE magazine (pp. 13, 15-19). Greensboro, NC: Pace Communications inc.

Ball,J. F. (1977). Windows' grief: The impact of age and mode of death. Omega, 7,307-333.

Baltes,P.B, & Smith,J. (2004). Lifespan psychology: From developmental contextualism to developmental biocultural co-constructionism. Research in Human Development, 1,123-144.

Baltes, P. B., Staudinger, U. M., & Lindenberger, U. (1999). Lifespan psychology: Theory and application to intellectual functioning. Annual Review of Psychology, 50, 471-507.

Baltes,P. B., Staudinger, U. M., Maercker, A., & Smith,J. (1995). People nominated as wise: A comparative study of wisdom-related knowledge. Psychology and Aging, 10, 155-166.

Bandura, A. (1993). Perceived self efficacy in cognitive development and functioning. Educational psycholoist, 28, 117-148.

Bem, S. L. (1981). Gender schema theory: A cognitive account of sex typing. Psychological Review, 88(4), 354-364.

Bengston, V. L., Cuellar,J.A., & Ragan, P. K. (1977). Stratum contrasts and similarities in attitudes toward death. Journal of Verontology, 32, 75-88.

Berk, L. E. (2007). Development through the lifespan. (4th ed.). New Jersey: Pearson.

Berkman, L. F., & Syme, S. L. (1979). Social networks, host resistance and mortality: a nine year follow up study of Alameda Country residents. American Journal of Epidemiology, 109, 186-204.

Bialystok, E., Craik, F. I. M., Klein, R., & Viswanathan, M. (2004).

Bilingualism, aging and cognitive control: Evidence from the Simon task. Psychology and Aging, 19, 290–303.

Bosse, R., Aldwin, C. M., Levenson, M. R., & Ekerdt, D. J. (1987). Mental health differences among retirees and workers: Finding from the normative aging study. Psychology and Aging, 2, 383–389.

Bowlby, J. (1961). Processes of mourning. The International Journal of Psychoanalysis, 42, 317–339.

Bronfenbrenner, U., & Ceci, S. J. (1994). Nature–nurture reconceptualized in developmental perspective: A bioecological model. Psychological Review, 101, 568–586.

Brown, B. B., Clasen, D. R., & Eicher, S. A. (1986). Perceptions of peer pressure, peer conformity dispositions, and self–reported behavior among adolescents. Developmental Psychology, 22, 521–530.

Cavanaugh,J. C., Kramer, D. A., Sinnott,J. D., Camp, C.J., & Markley, R. P. (1985). On missing links and such: Interfaces between cognitive research and everyday problem solving. Human Development, 28, 146–168.

Chasteen, A. L., Bhattacharyya, S., Horhota, M., Tam, R., & Hasher, L. (2005). How feelings of stereotype threat influence older adult's memory performance. Experimental Aging Research, 31, 235–260.

Cho, K. Y., Park, H. S., & Seo,J. W. (2009). The relationship between lifestyle and metabolic sydrome in obese children and adolescents. Korean Journal of Pediatric Gastroenterology and Nutrition, 11, 150–159.

Christ, G. H., Siegel, K., & Christ, A. E. (2002). Adolescent grief: It never really hit me until it happened. Journal of American Medical Association, 288, 1269–1279.

Craik, F. I. M. (1983). On the transfer of information from temporary to permanent memory. Philosophical Transactions of the Royal Society of London, B302, 341–359.

Craik, F. I. M., & Jennings,J.J. (1992). Human memory. In F. I. M. Craik & T. A. Salthouse (Eds.), The handbook of aging and cognition, Hillsdale, NJ: Erlbaum.

Creighton, L. L. (1991). The silent saviours. U.S. News and World Report, pp.80−89.

Cristofalo, V. J., Tresini, M., Francis, M. K., & Volker, C. (1999). Biological theories of senescence. In V. L. Bengtson & K. W. Schaie (Eds.), Handbook of Theories of Aging. New York: Springer.

Dannemiller,J. L., & stephens, B. R. (1988). A critical test of infant pattern preference models. Child Development, 59, 210−216.

De Lange, T. (1998). Telomeres and senescence: ending the debate. Science, 279, 333−335.

Domjan, M., Cusato, B., & Krause, M. (2004). Learning with arbitrary versus ecological conditioned stimuli: Evidence from sexual conditioning. Psychonomic Bulletin & Review, 11, 232−246.

Elkind,D.(1967). Egocentrism in adolescence. Child Development, 38, 1025−1034.

Erikson, E. H. (1963). Childhood and soceity. New York; Norton.

Erikson, E. H. (1968). Identity; youth and crisis. New York; Norton.

Fantz, R.L. (1961). The origin of form perception. Scientific Americ, 204, 66−72.

Freud, S. (1956). On sexuality. Pengnin Books Ltd.

Furman, E. (1974). A child's parent dies; Studies in childhood bereavement, New Haven: Yale University press.

Golinkoff, R. M., Jacquet, R., Hirsh−Pasek, K., & Nandakumar, R. (1996). Lexical principles may underlie the learning of verbs. Child Development, 67, 3101−3119.

Piaget,J.(1972). Intellectual evolution from adolescence to adulthood, Human Davelopment, 15, 1−12

Rogers, C. R. (1971). A theory of personality. In S. Maddi (Ed.) Perspersonality. Boston; Little Brown.

Spearman, c (1904). 'Gerneral Intelligence,' objectively determined and measured. American Journal of Psychology, 15, 201−293.

Thorson,j.A.,&Powell,F.C.(1990).Elements of death anxiety and meaning of death. Journal of Clinical Psychology, 44(5), 691−701.

Tolsdorf,C.C(1976).Social networks, support and coping. Family Process,15, 407-417.

Vaillant,G.E.(1977).Adaptation to life. Boston.:Little,Browm.

Wechsler, D. (1944). the Measrement of Adult intelligence. Baltimore, MD: Williams & Wilkins.

Wortman, C. B., &Silver, R. C (1989). The myths of coping with loss. Journal of Consulting and Chinical Psychology, 57(3), 349-357.

Ziemba, R.A., & Lynch-Sauer, J. M.(2005). Preparedness for taking care of elderly parents: "First You get ready to cry". Journal of Women and Aging, 17(2), 99-113.

한 권으로 합격하는
독학사 가정학 2단계

인간발달

초판1쇄 인쇄 2024년 3월 26일
초판1쇄 발행 2024년 3월 29일
지은이 손희란
기획 김응태
디자인 서제호, 서진희, 조아현
판매영업 김승규, 문지영

발행처 ㈜아이비김영
펴낸이 김석철
등록번호 제22-3190호
주소 (06728) 서울 서초구 서운로 32, 우진빌딩 5층
전화 (대표전화) 1661-7022
팩스 02)3456-8073

ISBN 978-89-6512-928-8 13330
정가 20,000원

잘못된 책은 바꿔드립니다.